SUPERDICAS

DE PORTUGUÊS PARA CONCURSOS E VESTIBULARES

Nílson Teixeira de Almeida

SUPERDICAS

DE PORTUGUÊS PARA CONCURSOS E VESTIBULARES

1ª edição
3ª tiragem
2015
Conforme a nova ortografia

Editora Saraiva

Gerente editorial: Rogério Carlos Gastaldo de Oliveira
Editora-assistente: Kandy Sgarbi Saraiva
Preparação de texto: Tássia Gomes Santana/Kandy Sgarbi Saraiva
Diagramação: RO Comunicação
Auxiliares de serviços editoriais: Rute de Brito/Mari Kumagai
Revisão: Pedro Cunha Jr. e Lilian Semenichin (Coords.) / Albertina Piva / Maura Loria / Eduardo Sigrist
Produtor gráfico: Rogério Strelciuc
Gerente de arte: Nair de Medeiros Barbosa
Projeto gráfico: Antônio Roberto Bressan
Capa: Aero Comunicação
Ilustrações: Rico
Coordenador da Série Superdicas: Reinaldo Polito
Impressão e acabamento: Vox Gráfica

Dados Internacionais de Catalogação na Publicação (CIP)
(Câmara Brasileira do Livro, SP, Brasil)

Almeida, Nílson Teixeira de
Superdicas de português para concursos e vestibulares / Nílson Teixeira de Almeida. -- São Paulo : Saraiva, 2011. -- (Série Superdicas)

Bibliografia
ISBN 978-85-02-08411-7

1. Concursos 2. Português - Gramática 3. Português - Redação 4. Vestibulares I. Título. II. Série.

11-07694 CDD-469.076

Índice para catálogo sistemático:
1. Português : Concursos e vestibulares 469.076

Editora Saraiva

Rua Henrique Schaumann, 270 — Pinheiros – CEP 05413-010 – São Paulo – SP

SAC
0800-0117875
De 2ª a 6ª, das 8h30 às 19h30
www.editorasaraiva.com.br/contato

503179.001.004

Para meus filhos ***Paulo, Cristiana*** *e* ***Lídia****,*
e para minhas netinhas ***Maria Paula*** *e* ***Laís****,*
pela vida de compreensão e amor.
Para ***Kandy Sgarbi de Almeida Saraiva****,*
mestra, amiga e colaboradora extraordinária.

Sumário

Apresentação

Com este trabalho, esperamos contribuir para o aperfeiçoamento do uso da língua portuguesa tanto no momento da fala quanto da escrita.

Não tivemos a pretensão de oferecer uma receita inovadora e definitiva para o estudo da língua portuguesa. Partimos do pressuposto de que você já esteve em contato com todos os assuntos aqui tratados durante seus estudos no Ensino Fundamental e Médio. As dicas apresentadas são concebidas com o intuito de insuflar-lhe ânimo para a assimilação dos fatos de nossa língua.

Para falar e escrever de forma correta, procure seguir as seguintes recomendações:

Mantenha contato permanente com a leitura. É impossível escrever bem se você não gostar de ler. Como ensina o professor Sérgio Nogueira Duarte, "Leia um jornal por dia, uma revista por semana, um livro por mês". Por isso, ler muito e observar como os grandes autores escrevem é uma forma de aprender tudo sem ter de recorrer à chamada "decoreba".

Além da leitura, procure escrever com certa frequência. Depois da escrita, leia, releia e reescreva tudo o que você criou: palavra atrai palavra. Isso irá contribuir para você estruturar adequadamente seu pensamento e afastar de vez o fantasma do "deu branco".

Adquira bons livros a que você possa recorrer para resolver suas dúvidas.

Adquira, também, os chamados manuais "tira-dúvidas", que apresentam de forma rápida e objetiva exemplos de como falar e escrever de forma correta.

Assista a bons programas jornalísticos que possam deixá-lo por dentro dos acontecimentos do Brasil e do mundo.

Esteja certo de que as provas oficiais só assustam os que não se dedicam aos estudos. Quem se prepara bem não esquenta a cabeça; quem não está preparado ainda tem tempo de redirecionar seu programa de estudos.

As críticas e sugestões para a melhoria deste trabalho serão recebidas de bom grado.

O Autor.

1

Um precioso meio de cultura e trabalho

"A língua portuguesa é muito difícil!" Provavelmente você já fez essa afirmação muitas vezes ou ouviu outras, como "Português é um martírio", "Nossa gramática é muito chata", "Não consigo entender nada". Para desmitificar o conceito de que a gramática é um bicho de sete cabeças, fique atento a dois pontos fundamentais:

1. Tenha em mente que, para você obter sucesso, o domínio da língua portuguesa é um precioso meio de cultura e trabalho. Por isso, liberte-se da opinião de que você nunca vai aprender porque nossa língua é uma das mais difíceis do mundo, muito complicada, cheia de regras, de exceções etc.
2. Procure conhecer o padrão culto da língua portuguesa. O ponto de partida é o contato contínuo com a leitura e a prática da escrita. Procure adquirir o hábito de ler bons textos e aprenda a lidar com as palavras no

momento da escrita. Não importa se cometer erros; ler e redigir farão de você um vencedor, proporcionando-lhe o efetivo conhecimento de nosso idioma.

Os preços dos livros não cabem no seu bolso? Existem bons livros a preços menores que, por exemplo, ingressos de cinema. Entre numa livraria, converse com um vendedor que possa lhe dar boas orientações. Há ainda bibliotecas públicas ou pessoas de boa vontade que costumam emprestar ou doar livros para quem estiver disposto a cuidar deles.

Outra prática adequada é a leitura oral. Mesmo achando que sua habilidade para ler está "no ponto", o exercício da leitura em voz alta é sempre enriquecedor. Depois de ler oralmente, muita gente diz: "Só agora percebi este trechinho". Você mesmo já deve ter compreendido que o texto fica mais claro quando lido em voz alta. É claro que isso deve ser feito em um local adequado, no qual você esteja sozinho.

Com a prática da leitura, você vai perceber a razão da correta flexão das palavras, do emprego dos pronomes e dos verbos, da concordância entre as palavras, enfim, de muitos tópicos de linguagem que, muitas vezes, o fazem torcer o nariz.

2

Prepare-se para os estudos

Um dos maiores problemas do estudante é saber **como** estudar. Naturalmente, as pessoas adotam um método próprio para obter o melhor rendimento de suas horas de estudo. Mas algumas indicações práticas podem ser úteis para facilitar essa tarefa.

O aprendizado rende mais quando você procura um local adequado para estudar. O ônibus, o metrô, um jardim público, a cantina da escola podem servir para um primeiro contato com as matérias, porém não são ambientes apropriados para o estudo. Bom mesmo é um local silencioso e iluminado, onde você se sinta bem, como um quarto ou uma sala. Nunca estude deitado na cama, em rede ou no sofá, locais apropriados para descanso ou cochilo.

Determine o tempo devido para assimilar a matéria de estudo. Um tópico, acompanhado de um número adequado de exercícios, para ser bem entendido, exige, no mínimo, uma hora e meia de estudo.

Estudar pela internet é um meio moderno e prático, no entanto o material impresso é mais seguro para você memorizar a matéria. Além disso, tenha sempre à mão um caderno para fazer anotações ou resumos.

Para um primeiro contato com o assunto, leia a unidade inteira. A leitura atenta já lhe dará uma ideia do assunto abordado.

Não desanime se não entender tudo na primeira leitura. Lembre-se de que você está **estudando**. Por isso, releia tudo com atenção a fim de entender efetivamente o assunto. Apenas passe à frente depois de estar seguro de que domina o tema da unidade.

Cuidado com alguns testes que pedem para assinalar a alternativa **in**correta em vez da correta. Às vezes, você pode assinalar a alternativa correta por não estar atento ao significado do prefixo **-in**.

Em caso de dúvida, procure saná-las com professores ou colegas de estudo; isso sempre é útil para aprender mais os conteúdos estudados.

3

De olho nos concursos

Fique sempre bem informado sobre o cargo que deseja. Verifique, sobretudo, se possui identificação com a carreira pretendida. Você pode estudar sozinho com um bom material de apoio, como livros e apostilas, ou frequentar um cursinho especializado no assunto. O fundamental é manter-se em estado permanente de estudo. Quem se prepara bem para um determinado concurso também está preparado para outros.

Lembre-se de que o tempo é curto. Da publicação do edital até a realização da prova há cerca de 30 ou 40 dias para você se preparar. Portanto, se não possui pré-requisitos suficientes, torna-se difícil atingir a aprovação.

As provas, dependendo do nível do concurso, são parecidas com as dos vestibulares. São questões comuns de interpretação de textos e de quadrinhos. Muitos candidatos se confundem com esse tipo de questão, pois acham que interpretar é repetir o que já está inserido no texto. O ponto de partida para a interpretação do texto é perceber que as variadas informações estão contidas no próprio texto. Lendo-o com atenção, você poderá extrair dele as conclusões necessárias.

Convém lembrar que os tópicos gramaticais são extraídos do texto fornecido para interpretação. Certamente você não será desafiado a demonstrar um conhecimento profundo da língua, mas um observador atento dos aspectos da linguagem culta.

Controle o tempo para a realização de provas anteriores. Como nas provas oficiais, o prazo estipulado é de, aproximadamente, quatro horas, procure treinar, respeitando esse tempo. Se você não conseguir resolver uma ou outra questão, não recorra ao tradicional "chute", uma vez que, com esse artifício, estará enganando a si próprio. No entanto, no dia da prova oficial, nunca deixe questões sem resposta. Nesse momento, sim, se o "chute" errado não anular uma questão correta, poderá ser um recurso positivo, já que essa tentativa pode lhe render alguns pontos a mais.

4

De olho nos vestibulares

Em quase todos os vestibulares, predominam questões de interpretação de texto, seja literário, jornalístico ou científico. A ênfase se dá na capacidade que o aluno possui para entender e analisar o texto.

Quanto à gramática, não se tem exigido o conhecimento teórico nos moldes tradicionais, ou seja, saber de cor os casos particulares da língua-padrão. Os vestibulares atuais procuram avaliar a capacidade de domínio que o estudante apresenta em relação à língua, e não a chamada "decoreba" de regras e nomenclaturas específicas.

Em linhas gerais, preparar-se para uma prova de língua portuguesa significa ter condições de ler e interpretar textos de qualquer natureza e enfatizar a aplicação prática da língua, e não apenas a memorização de teorias gramaticais.

Nas interpretações de texto, são comuns questões que impliquem seus conhecimentos do mundo contemporâneo, cujas informações você deve buscar, principalmente, em matérias interdisciplinares como História e Geografia.

A resolução de provas anteriores permite o contato com modelos de questões da maneira como são cobradas no momento da prova. Isso lhe oferece segurança e familiarização com os modelos aplicados pelas grandes universidades.

Um detalhe importante: não se baseie em provas muito antigas. O ideal é resolver as dos três últimos anos. Confira suas respostas com as do gabarito oficial e as comentadas por cursinhos especializados. Após a conferência, refaça as questões para verificar se realmente aprendeu.

Nunca estude excessivamente. Não perca noites de sono estudando. O descanso e uma alimentação saudável são necessários ao cérebro e ajudam você a memorizar os conteúdos estudados.

Esses são alguns procedimentos que podem oferecer a você as condições necessárias para ser bem-sucedido na prova.

5

De olho no Enem

O Ministério da Educação e Cultura (MEC) ampliou a finalidade da prova do Enem, que, além de oferecer certificado de conclusão do Ensino Médio, também será utilizada como um dos critérios para seleção de candidatos a vagas em universidades públicas federais.

Se seu interesse é obter o certificado de conclusão do Ensino Médio, deverá comprovar a idade de 18 anos até o dia da realização da prova. Atendida essa exigência, você poderá estudar sozinho ou em cursinhos especializados o conteúdo do Ensino Médio. Se desejar, com a mesma nota você também poderá concorrer a uma vaga no curso superior.

A prova constará de 180 testes (45 para cada uma das quatro áreas do conhecimento) e da elaboração de uma redação.

Segundo o MEC, a complexidade dos conteúdos cobrados será bem maior que a dos anos anteriores, ou seja, a prova deverá exigir muito mais análise e raciocínio lógico que informação bruta a ser decorada. As questões serão **contextualizadas**, exigindo do candidato a aplicação prática do conhecimento, e não a mera memorização de informações. Serão, também, **interdisciplinares**, ou seja, para sua resolução, o estudante deve demonstrar conhecimento, raciocínio e, principalmente, capacidade de relacionar temas mais abrangentes para chegar à resposta correta. Por exemplo, uma pergunta poderá incluir, ao mesmo tempo, temas de História e Geografia, Biologia e Química ou Literatura e Interpretação de texto. Assim, será exigida dos candidatos não apenas a tarefa de interpretar textos como também a de compreender gráficos, mapas, tabelas, além de resolver problemas matemáticos.

As quatro grandes áreas do conhecimento e as disciplinas a cujo estudo você deverá se dedicar estão neste quadro:

Áreas do conhecimento	Disciplinas	Número de questões
Linguagens, códigos e suas tecnologias	Português, Língua estrangeira	45
Matemática e suas tecnologias	Matemática	45
Ciências da natureza e suas tecnologias	Física, Química, Biologia	45
Ciências humanas e suas tecnologias	História, Geografia	45

6

De olho nas provas discursivas

Numa prova organizada em forma de testes, é possível recorrer ao famoso "chute". Esse recurso, porém, não funciona para as provas discursivas, que ganham mais espaço a cada ano.

Lembre-se de que decorar não é um bom método. Por isso, estude atentamente os tópicos mais importantes do programa, procurando assimilar os conceitos que poderão ser úteis durante a resolução das questões. Apesar de achar que está tudo na ponta da língua, muitas vezes você não é capaz de iniciar um parágrafo e fica "travado" no momento de desenvolvê-lo. Talvez isso ocorra pela falta de prática de leitura e de escrita. Para suprir essa dificuldade, procure estudar com caneta e papel à mão, resumindo em linguagem corrente os conceitos dos assuntos estudados.

Não se limite a elaborar resumos esquemáticos que apenas favorecem a memória visual e empobrecem a escrita. Isso não significa, contudo, que você deva gastar horas estudando português ou escrever diariamente vinte ou mais páginas. Na prova discursiva, sua capacidade de síntese e concatenação de ideias é que será avaliada.

Esteja certo de que na prova discursiva cada questão é corrigida por uma equipe de corretores. Após um dia inteiro de trabalho, lendo a mesma questão em um grande número de provas, uma resposta concisa, sem rodeios, sempre é valorizada pelos examinadores.

Mantenha a calma e ignore o tradicional “deu branco”. Nunca deixe sem resposta questões cujo conteúdo você conhece apenas uma parte. É preferível arriscar uma resposta aproximada a tirar uma nota baixa por não resolver uma ou outra questão.

Reveja sempre todos os assuntos estudados durante o Ensino Médio. Leia diariamente os grandes jornais e revistas do país. Leia com interesse os livros indicados pelos organizadores da prova. Não se contente com os resumos oferecidos por cursinhos. Isso pode limitar seus conhecimentos.

7

Redação: que tormento!

Desde que a redação se tornou obrigatória em certos exames, muitos alunos ficam perturbados com as infindáveis linhas em branco. Atualmente as redações apresentadas por alguns candidatos são motivo de grande preocupação, já que demonstram o enorme despreparo em que se encontram. Muitos ainda apresentam grande deficiência no domínio de nosso idioma e lamentam-se: "Será que numa redação posso expor o que sinto e penso, ou devo seguir receitas preestabelecidas para agradar aos corretores?", "O que devo escrever se não tenho ideias e nada surge em minha mente?", "Nossa, nem sei como começar esta coisa", "Meu Deus, deu branco" etc.

Hoje em dia, com o advento das informações audiovisuais, principalmente da internet, o hábito da leitura tornou-se um valor esquecido e, como consequência, transformou a prática da escrita numa atividade cada vez mais rara entre nossos estudantes.

Sabemos que a culpa não é apenas do aluno, uma vez que as instituições escolares ensinam "decorebas" de gramática e não incentivam a leitura nem a prática de linguagem. Ensinam a escrever de maneira correta, mas não ensinam a prática da comunicação.

Escrever é uma técnica que pode ser aprendida e aperfeiçoada, é uma arte e, mesmo que você não queira ser um artista da palavra, deve fazê-lo bem. E como você poderá escrever bem? Escrevendo, escrevendo, escrevendo.

Lembre-se, porém, de que o melhor caminho para você aperfeiçoar o conteúdo de seus textos é a leitura. Observar como os bons autores escrevem é uma forma segura de aprender. Quanto mais você lê, maior intimidade com a técnica da escrita adquire. Por isso, leia, leia, leia.

Mas não se esqueça: no dia da prova oficial você encontrará dois obstáculos: o tempo e o número de linhas. Isso mesmo! Limitação do tempo e número de linhas preestabelecido. Por isso, procure treinar observando esses limites.

8

Redação: que prazer!

Escrever não é um bicho de sete cabeças. Todo aluno habituado à prática da leitura possui desenvoltura para escrever. Basta lançar-se com determinação a esse desafio e certificar-se de que essa atividade seja gratificante e prazerosa. Escrever é uma arte. E, como em toda arte, é na prática constante que se aperfeiçoa sua técnica.

Treine com organização. Nunca escreva sem antes refletir sobre o tema e elabore um roteiro ou esquema a ser desenvolvido. Muitos acham que essa preparação é perda de tempo. É justamente o contrário: é mais fácil desenvolver um tema bem pensado e planejado previamente em um esquema.

Veja alguns critérios que podem ajudá-lo a organizar um planejamento para seu texto

- Jornais, revistas e até noticiários de rádio e TV são boas fontes para você ampliar seus conhecimentos.

- Não tenha medo de expor o que você pensa. Cuidado, porém, para não criar parágrafos repetitivos.
- Quanto ao tema, exponha as ideias de forma clara e objetiva de acordo com sua opinião.
- Procure argumentos e fatos que possam justificar sua maneira de pensar.
- Escolha a ideia que vai servir de introdução, organize com coerência os argumentos que irão desenvolver o tema e escolha a melhor maneira para redigir a conclusão.
- Tenha certeza de que você é um indivíduo possuidor de ideias próprias. Contudo, evite o emprego da 1ª pessoa ("eu acho", "eu penso", "em minha opinião" etc.).
- Finalize o texto relacionando de forma ordenada a introdução (1º parágrafo), o desenvolvimento (2º ou mais parágrafos) e a conclusão (último parágrafo).
- Uma leitura final, cuidados e acertos finais sempre asseguram melhor resultado.
- Finalmente, cuide da estética de seu texto. Um corretor que se depara com um visual desleixado, cheio de borrões e rasuras não terá boa vontade para corrigir sua redação.

9

Os tipos de linguagem

Cada indivíduo possui um modo de falar, mas nem sempre se expressa da mesma maneira. Isso depende da pessoa com quem se comunica e da situação em que se encontra. As pessoas falam "diferente" quando variam as situações. Por exemplo, quando um grande orador fala a um público numeroso e socialmente heterogêneo, deve usar um repertório que todos possam entender. Se o público for mais selecionado, poderá usar uma linguagem também mais selecionada.

Os tipos de linguagem são os seguintes:

Linguagem culta ou padrão
Linguagem culta ou **padrão** – é a variedade linguística de maior prestígio social. É ensinada nas escolas e utilizada nos textos literários, científicos e didáticos. Caracteriza-se pela obediência às regras estabelecidas pela gramática normativa.
Linguagem coloquial ou **familiar** – realiza-se no ambiente cotidiano, em ocasiões menos formais, de maneira espontânea e descontraída. Apresenta, portanto, maior liberdade de expressão, principalmente no que se refere à gramática normativa. Como é usada em situações informais, apresenta desvio de certas normas gramaticais, expressando afetividade ou intimidade entre os falantes.

Linguagem popular ou **vulgar** – é utilizada por pessoas de baixa ou nenhuma instrução escolar. Esse nível de linguagem raramente aparece na forma escrita. Geralmente o falante, em tons emotivos, faz uso de gírias, de expressões grosseiras ou, às vezes, obscenas.

Cuidado: saber identificar os vários tipos de linguagem é fundamental para você falar e escrever com clareza e segurança. Como na maior parte do tempo você usa a linguagem coloquial, é comum correr o risco de levar certos vícios para a escrita. Lembre-se de que texto escrito exige muito zelo, já que não é um bate-papo que você realiza com o examinador.

10

Pago ou pagado?

Alguns verbos da língua portuguesa apresentam mais de um particípio: uma forma regular terminada por **-ado** ou **-ido** (*pagado*, *prendido*, *imprimido* etc.) e outra irregular, que não apresenta terminação fixa (*pago*, *preso*, *impresso* etc.). Por isso são classificados como *abundantes*. Veja mais alguns:

infinitivo	forma regular	forma irregular
aceitar	aceitado	aceito
acender	acendido	aceso
benzer	benzido	bento
eleger	elegido	eleito
emergir	emergido	imerso
entregar	entregado	entregue
enxugar	enxugado	enxuto
expulsar	expulsado	expulso
isentar	isentado	isento
soltar	soltado	solto

Mas quando usar "pago" e quando usar "pagado"? Apesar de esses verbos serem abundantes, não significa que seus particípios possam ser usados indiscriminadamente. O emprego deles segue critérios:

- empregá-se o particípio regular, na voz ativa, com os verbos auxiliares *ter* e *haver*:

> O veneno **havia matado** as baratas.
> O diretor **tinha suspendido** as aulas.

- na voz passiva, empregam-se os particípios irregulares com os verbos auxiliares *ser* e *estar*:

> As baratas **haviam sido mortas** pelo veneno.
> As aulas **foram suspensas** pelo diretor.

A tendência do português contemporâneo privilegia o emprego dos particípios irregulares *ganho*, *gasto* e *pago*, substituindo as formas *ganhado*, *gastado* e *pagado*, respectivamente.

Além disso, o que colabora para confundir é o fato de, às vezes, muitos particípios irregulares serem empregados como simples adjetivos:

> A alegria deixou-lhe os olhos **acesos**.
> Todos obedeciam às ordens **expressas** do diretor.

Lembre-se, porém, de que certos verbos apresentam **apenas** o particípio irregular: *aberto*, *coberto*, *dito*, *escrito* etc. Ah, uma última advertência: o particípio do verbo *chegar* é regular: *chegado*. "Tinha chego", "havia chego" são formas que não existem.

11

Denotação e conotação

Ao transmitir nossas ideias, usamos combinações de palavras conhecidas como **signos linguísticos**. Esses signos sempre apresentam dois elementos inseparáveis: os **fonemas** (sons) que formam as palavras e a **ideia** que elas transportam.

Quando você pronuncia ou escreve a palavra "barco", por exemplo, nota o **significante** (a forma: fonemas, letras e sílabas). A primeira ideia associada a esse signo (embarcação pequena) constitui o significado da palavra. É o **significado**, portanto, que nos remete a uma imagem associativa a respeito do mundo em que vivemos.

Uma mesma palavra, contudo, pode apresentar sentidos diferentes, ocorrendo basicamente duas significações: a **denotação** (a palavra apresenta sentido literal, dicionarizado) e a **conotação** (a palavra surge com o sentido ampliado, permitindo interpretações diversas, dependentes do contexto em que está inserida). Observe os seguintes exemplos:

1. Perdi a **chave** de meu carro.
2. Descobri a **chave** para o sucesso.

Na frase 1, a palavra “chave” apresenta-se em sentido próprio, dicionarizado, conhecido por todos. Nesse caso ocorre a **denotação**, já que é possível apenas uma interpretação.

Na frase 2, a mesma palavra ganha um significado novo, subjetivo, dependente do contexto em que aparece – é a **conotação**.

A conotação é conhecida como linguagem figurada, aquela que faz uso de recursos retóricos de que a língua dispõe como forma de expressão. Geralmente está presente em textos publicitários e literários, num constante desejo de recriar a realidade.

Em suas redações, não abuse desse recurso. O uso excessivo da linguagem figurada pode levá-lo ao emprego de expressões que se tornaram triviais devido ao uso repetitivo (chavões ou clichês): *a voz rouca das ruas*, *caixinha de surpresas*, *luz no fim do túnel*, *carreira meteórica*, *o bicho vai pegar*, *com a voz embargada de emoção*, *nos primórdios da humanidade* etc.

12

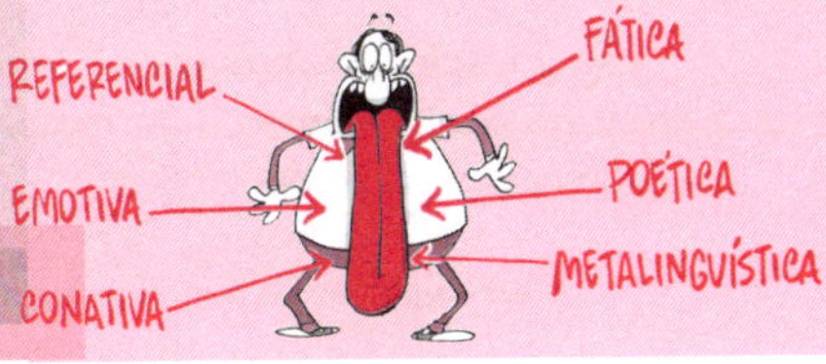

As funções da linguagem

São recursos que atuam na comunicação de acordo com a intenção do emissor da mensagem.

São seis as funções da linguagem: *referencial* (ou *denotativa*), *emotiva* (ou *expressiva*), *conativa* (ou *apelativa*), *fática*, *poética* e *metalinguística*. São empregadas nas seguintes situações:

1. Função referencial (ou **denotativa**): centraliza-se no conteúdo referencial (o referente da mensagem). Sua finalidade é transmitir informações, dados, ideias.

> No Brasil, a riqueza do café está ligada ao início da industrialização.

2. Função emotiva (ou **expressiva**): centraliza-se no emissor da comunicação, deixando transparecer seus sentimentos e intenções.

> "Ah, meu Deus, que saudade da Amélia."
> (Mário Lago)

3. Função conativa (ou **apelativa**): busca interferir no comportamento do receptor por meio de uma ordem, exortação ou súplica.

> "Venha para casa, Senhora, por favor."
>
> (Dalton Trevisan)

4. Função fática: a finalidade é estabelecer o contato com o receptor.

> "Alô, alô, Marciano,
> Aqui quem fala é da Terra." (Rita Lee)

5. Função poética: centraliza-se na própria mensagem. Enfatiza a sonoridade, o ritmo, as imagens, as figuras de linguagem, a disposição das palavras na página etc.

> "Será que ela mexe o chocalho
> Ou é o chocalho que mexe com ela."
>
> (Chico Buarque de Hollanda)

6. Função metalinguística: centraliza-se no código a fim de explicar, conceituar, definir, analisar ou criticar o próprio código linguístico.

> "Quando não estou escrevendo, eu simplesmente não sei como se escreve. E se não soasse infantil e falsa a pergunta das mais sinceras, eu escolheria um amigo escritor e lhe perguntaria: como é que se escreve?" (Clarice Lispector)

Obs.: Embora uma dessas funções possa predominar numa mensagem, todas podem ser acionadas durante o processo da comunicação.

13

Mim e ti nunca fazem nada

Você é daqueles que se confunde ao usar *mim* ou *eu*? Não se sinta mais assim. O uso correto desses pronomes não é difícil.

A primeira regra indica que se usa a forma oblíqua *mim* quando a preposição *para* rege um pronome pessoal:

> Quando você voltar, telefone **para mim**.
> Vocês devem enviar os relatórios **para mim**.

Mas, quando a preposição rege um *verbo no infinitivo*, cujo sujeito é um pronome pessoal de 1ª pessoa, deve-se empregar *eu*, não *mim*:

> Ela sempre pede **para eu** acompanhá-la.
> Enviaram-me uma crônica **para eu** analisar.

No entanto, se o infinitivo fizer parte do sujeito de outra oração, é o contrário: deve-se empregar *mim*, não *eu*, porque, nesse caso, a preposição rege o pronome, não o verbo:

Está difícil, **para mim**, **entender** essa situação.
Seria útil, **para mim**, **aceitar** essa mudança.

Nos exemplos, o emprego das vírgulas indica que o pronome pessoal não é o sujeito dos verbos destacados. Note que a inversão das orações desses períodos confirma o emprego de *mim*:

Entender essa situação é bastante difícil **para mim**.
Aceitar essa mudança é complicado **para mim**.

Esse critério da inversão também é válido para a segunda pessoa do singular *tu*:

Enviaram-te uma crônica **para tu** analisares.
Assim que puder, telefonarei **para ti**.

Relembrando: os pronomes *eu* e *tu* só podem funcionar como sujeito da oração, e, como tal, **nunca** podem ser preposicionados. Portanto, sempre que figurar um verbo no infinitivo depois, use *eu* e *tu*, assim: "Mamãe sempre cantava para **eu dormir**"; "Tua mãe costumava cantar para **tu dormires**?". Nessas frases, a preposição *para* rege o verbo, não o pronome pessoal.

Evite outro grave erro, por mais que soe estranho: ao empregar a preposição *entre*, utilize *mim* e *ti*, não *eu* e *tu*, como ouvimos por aí. Assim: "Nunca houve acordo **entre** meu patrão e **mim**"; "Entre **mim** e **ti** sempre houve muita confiança". Essas são as construções legítimas.

14

Forma textual em versos

Caracteriza-se pela disposição gráfica das palavras e pelas pausas sucessivas ao longo do texto. É a essa forma que se dá o nome de poema.

Cada linha de um poema chama-se verso. Os versos, agrupados, formam a estrofe.

Geralmente, o verso caracteriza-se pela presença intencional de: **ritmo**, **métrica** e **rima**.

1. O **ritmo** é determinado pela sucessão regular de sílabas tônicas e átonas, estabelecendo a cadência harmoniosa dos versos. Observe nos seguintes versos de Manuel Bandeira, retirados do poema "Trem de ferro", como o ritmo das palavras sugere o movimento de uma locomotiva:

> Vou depressa / Vou correndo / Vou na toda / Que só levo / Pouca gente / Pouca gente / Pouca gente...

2. A **métrica** constitui o número de sílabas poéticas que cada verso contém. É feita de maneira auditiva até a última sílaba tônica de cada um dos versos, dife-

rindo da contagem que a divisão gramatical determina. Contando até a última sílaba tônica destacada em cada verso do poema da página anterior, verifica-se a existência de três sílabas poéticas em cada verso:

Vou / de / **pre**/ ssa /
Vou / co / **rren** / do /
Vou / na / **to** / da /
Que / só / **le** / vo /
Pou / ca / **gen** / te /
Pou / ca / **gen** / te...

A **rima** é a identidade de sons existentes no fim de cada verso. É o que ocorre com as palavras destacadas nos seguintes versos de Olavo Bilac:

"Salve, lindo pendão da **esperança**,
Salve, símbolo augusto da **paz**!
Tua nobre presença à **lembrança**
A grandeza da Pátria nos **traz**."

Existem, ainda, os versos **livres**, que não apresentam nenhuma regularidade quanto ao ritmo, à métrica ou à rima. Esse tipo de verso é frequente nos textos contemporâneos, principalmente a partir do Movimento Modernista de 1922.

15

Forma textual em prosa

Diferente do texto em versos, a prosa literária apresenta o parágrafo como unidade de composição, ou seja, apresenta-se em linhas contínuas, geralmente de margem a margem da página.

A prosa é a expressão natural da linguagem escrita. Pode-se dizer que o texto em prosa se assemelha mais à linguagem de nosso dia a dia. Observe as características de prosas literárias mais conhecidas.

Romance – narrativa por meio da qual se relatam episódios fictícios ou inspirados em histórias reais, cujo centro de interesse pode estar no relato de aventuras, no estudo de costumes ou tipos psicológicos, na crítica social etc. A partir de um conflito central, versa sobre personagens em ação, enfatizando sua conduta, seus objetivos e seu destino. Ele pode ser de aventura, de mistério, de suspense, histórico, policial etc. Por isso, não se pode confundir romance com emotividade e amor.
Conto – narrativa bem mais curta que o romance, contendo apenas um único conflito, um único enredo com número reduzido de personagens que, geralmente, interagem em um único lugar. Embora o conto apresente forma reduzida,

pode tratar de temas complexos, exigindo, às vezes, bastante densidade dramática. No conto, podem-se incluir alguns tipos de narrativas como a fábula, o apólogo e a parábola.
Fábula – narrativa curta, tendo como personagens animais personificados. Procura encerrar em sua estrutura dramática uma "moral" (explícita ou implícita) ou ensinamentos sobre modos de agir.
Apólogo – narrativa com as mesmas características da fábula, porém com a utilização de objetos ou seres inanimados como personagens.
Parábola – narrativa curta com o objetivo de apresentar alguma lição moral ou ética. Diferencia-se da fábula e do apólogo por ser protagonizada apenas por pessoas.
Crônica – narrativa curta que enfoca qualquer questão do cotidiano. Dependendo da questão abordada, pode ser crônica política, religiosa, social, esportiva etc. Pode-se dizer que a crônica está situada entre a literatura e o jornalismo, pois o cronista é um observador arguto dos fatos do dia a dia.

Hoje em dia, muitos textos em prosa incorporam as características próprias da poesia: adotam o ritmo regular e valorizam a sonoridade. É a chamada **prosa poética**, em que a função poética da linguagem predomina sobre as demais.

CONTEÚDO

16

O conteúdo textual

São as ideias apresentadas pelo autor no decorrer da obra. Pode ser **referencial** ou **poético**.

No conteúdo **referencial**, as palavras não se afastam do sentido dicionarizado. O objetivo do autor é relatar o episódio de forma objetiva, bem próximo da realidade. Observe como isso ocorre no seguinte trecho de *Vidas Secas*, de Graciliano Ramos:

> "A Lua crescia, a sombra leitosa crescia, as estrelas foram esmorecendo naquela brancura que enchia a noite. Uma, duas, três, agora havia poucas estrelas no céu. Ali perto, a nuvem escurecia o morro."

O conteúdo **poético** caracteriza-se pelo emprego da linguagem conotativa, como se observa nestes versos de Sílvio Caldas e Orestes Barbosa:

> "A porta do barraco era sem trinco
> Mas a lua furando nosso zinco
> Salpicava de estrelas nosso chão"

Os termos **prosa** e **poesia** aplicam-se à **forma** como se apresenta o texto; os termos **referencial** e **poético** aplicam-se ao conteúdo do texto. Assim, o conteúdo pode apresentar-se tanto em forma de **prosa** como de **poema**. Observe:

- texto em versos com conteúdo referencial:

> "A violência
> A injustiça
> A traição
> Ainda podem perturbar meu coração
> Mas já não podem
> Abalar a minha fé" (Gilberto Gil)

- texto em versos com conteúdo poético:

> "Ó mar, o teu rugido é um eco incerto
> De criadora voz, de que surgiste:
> Seja, disse; e tu foste, e contra as rochas
> As vagas compeliste."
>
> (Gonçalves Dias)

- texto em prosa com conteúdo poético:

> "Perfumes salutares, tonificantes eflúvios exalam-se da frescura nova imaculada dos campos, como dum viçoso e casto florir de magnólias, na volúpia da natureza adormecida numa alvura de linhos, dentre opulências de Noivados."
>
> (Cruz e Sousa)

17

Não seja prolixo

Aprimore seu estilo com o emprego de **simplicidade**, **clareza**, **concisão** e **correção** em seus textos. Essas são as qualidades que você deve adquirir para elaborar um texto fluente e agradável de ser lido. Veja como empregar essas qualidades:

a) **simplicidade**: exponha as ideias da forma mais simples possível. Não empregue palavras difíceis e rebuscadas na esperança de impressionar os corretores. As palavras devem manter sempre um nível de simplicidade, que é a responsável pela clareza.

b) **clareza**: deve ser a expressão exata de seu pensamento. Evite o excesso de adjetivação, corte palavras repetidas ou desnecessárias e elabore períodos curtos. É preferível abusar do emprego do ponto-final a enfileirar períodos longos e confusos.

c) **concisão**: essa virtude você adquire imprimindo o máximo de expressividade à frase com um mínimo de palavras. Por isso, utilize um vocabulário com critério e economia. Suprima o rodeio de palavras, as repetições e as expressões desnecessárias. Evite o emprego do "que", responsável por períodos extensos e cansativos. Tudo isso constitui um defeito de linguagem conhecido como **prolixidade**.

d) **correção**: é o resultado positivo do uso da linguagem culta. Se você deseja obter um bom estilo, a correção da frase também é fundamental para esse intento. Daí se conclui que um razoável conhecimento da gramática normativa é importante.

A gramática não ensina a escrever; apenas oferece normas para você expor suas ideias de maneira correta. O estudo da gramática é necessário; contudo, não perca tempo com a memorização de regras e exceções. Torne-se um observador atento dos fatos da língua. Não se atenha aos excessos de "regrinhas" que podem induzi-lo ao desânimo.

Escrever é uma técnica que se pode aprender. Por isso, desperte seu poder criativo: escreva, escreva, escreva...

18

O texto descritivo

A descrição é um tipo de discurso em que ocorre a exposição de aspectos. Descrever, portanto, é reproduzir com palavras características que registrem para quem lê a imagem de um ambiente natural, uma paisagem urbana, uma pessoa, um animal, uma cena etc. Lembre-se, porém, de que dificilmente você encontrará um texto exclusivamente descritivo. A descrição, na verdade, é usada como expansão de um texto narrativo.

Ao realizar uma descrição, esteja atento a dois aspectos: a **objetividade** e a **subjetividade**.

Na **descrição objetiva**, o objeto, o ambiente, o ser, a cena são apresentados como realmente são, com precisão vocabular e exatidão de detalhes. Veja:

> "A casa tinha dois andares e uma boa chácara no fundo. O salão de visitas era no primeiro. Mobília antiga, um tanto mesclada; ao centro, grande lustre de cristal, coberto de filó amarelo. Três largas janelas de sacada, guarnecidas de cortinas brancas, davam para a rua."
>
> (Aluísio Azevedo)

Na **descrição subjetiva**, você seria como um pintor impressionista, descrevendo o que vê de acordo com sua emoção, ou seja, o objeto, o ambiente, o ser, a cena são transfigurados por sua emoção. Observe:

> "No sinistro do *Ateneu* a coisa foi evidente. Depois das bombas, a violência das chamas chegou ao auge. Do interior do prédio, como das entranhas de um animal que morre, exalava-se um rugido surdo e vasto. Pelas janelas, sem batentes, sem bandeira, sem vidraça, estaladas, carbonizadas, via-se arder o teto; desmembrava-se o telhado, furando-se bocas hiantes para a noite. Os barrotes, acima de invisíveis braseiros, como animados pela dor, recurvavam crispações terríveis, precipitando-se no sumidouro."
>
> (Raul Pompeia)

Dominar os tipos de descrição ajuda na hora de escrever e de interpretar textos.

19

O texto narrativo

A narração consiste em relatar acontecimentos (reais ou fictícios) vividos por personagens e ordenados numa sequência dinâmica no espaço e no tempo. Por isso, caracteriza-se pelo emprego de verbos que indicam a movimentação das personagens.

O texto narrativo apresenta os seguintes elementos essenciais:

a) **o fato**: a sequência ordenada de acontecimentos (enredo, trama ou ação);

b) **personagem** ou **personagens**: o(s) participante(s) do acontecimento;

c) **o ambiente**: o lugar onde ocorreu o acontecimento;

d) **o momento**: o tempo em que ocorreu o acontecimento;

e) **quem conta os acontecimentos** (o narrador).

As personagens podem ser pessoas, animais ou objetos personificados.

Observe um exemplo de texto narrativo:

A Cigarra e as Formigas

Num belo dia de inverno as formigas estavam tendo o maior trabalho para secar suas reservas de trigo. Depois de uma chuvarada, os grãos tinham ficado completamente molhados. De repente aparece uma cigarra:

— Por favor, formiguinhas, me deem um pouco de trigo! Estou com uma fome danada, acho que vou morrer.

As formigas pararam de trabalhar, coisa que era contra os princípios delas, e perguntaram:

— Mas por quê? O que você fez durante o verão? Por acaso não se lembrou de guardar comida para o inverno?

— Para falar a verdade, não tive tempo — respondeu a cigarra. — Passei o verão cantando!

— Bom... Se você passou o verão cantando, que tal passar o inverno dançando? — disseram as formigas, e voltaram para o trabalho dando risada.

Moral: *Os preguiçosos colhem o que merecem.*

(*Fábulas de Esopo*. Compilação Russell Ash e Bernard Higton. trad.: Heloisa Jahn. São Paulo: Companhia das Letrinhas, 1994.)

Em uma prova de concurso ou vestibular, a narração pode ser requerida em uma proposta de redação ou aparecer em trechos de textos utilizados em enunciados de questões, quando, então, é necessário analisá-los. Saber que se trata de uma narração pode ser a chave para a resposta correta.

20

Veja quem está narrando

Numa narração, você percebe claramente a voz de alguém contando os episódios: o **narrador**. Não o confunda, porém, com o autor. Este último cria a voz ficcional do narrador. Como recurso, o autor utiliza o chamado **foco narrativo**, ou seja, a posição em que o narrador se coloca para contar a história.

Há duas maneiras de construir o foco narrativo: com o narrador em primeira ou em terceira pessoa.

O **narrador em primeira pessoa** é quem conta os episódios; é uma personagem (protagonista ou secundária) denominada **narrador-personagem** ou **participante**:

> "Quando nos álbuns de adolescente eu respondia com orgulho que não acreditava no amor; era então que eu mais amava. Também não sabia no que dá mentir. Comecei a mentir por precaução, e ninguém me avisou do perigo de ser precavida, e depois nunca mais a mentira descolou de mim."
>
> (Clarice Lispector)

Já o **narrador em terceira pessoa** é o mero espectador. Se não participa da história, não conhece o íntimo das personagens nem as ações a que assiste, é conhecido como **narrador-observador**:

> "A terceira expedição anulada, dispersa, desaparecera. E como na maioria os fugitivos evitassem a estrada, desgarraram sem rumo, errando à toa no deserto, onde muitos, entre eles os feridos, se perderam para sempre, agonizando e morrendo no absoluto abandono. Alguns, desviando-se da rota, foram bater no Cumbe ou em pontos mais remotos. O resto chegou no outro dia a Monte Santo."
>
> (Euclides da Cunha)

Outro tipo de **narrador em terceira pessoa** é o **narrador-onisciente**, isto é, o narrador que conhece tudo a respeito das personagens, é capaz de revelar seu íntimo, seus segredos, suas vozes interiores.

> "Enquanto isso, lá em cima, sobre escadas e contingências, estava a aniversariante sentada à cabeceira da mesa, erecta, definitiva, maior que ela mesma. Será que hoje vai ter jantar, meditava ela. A morte era o seu mistério."
>
> (Clarice Lispector)

Conhecer os tipos de narrador ajuda, por exemplo, a entender a caracterização de um personagem narrador — o que, por sua vez, auxilia na interpretação de um texto —, ou a montar uma narrativa, em uma proposta de redação, com um determinado tipo de narrador exigido pelo enunciado da questão. Fique esperto!

21

Veja quem está falando

Num texto narrativo, as personagens expõem ideias, conversam umas com as outras. Quando falam, podemos conhecer seus planos, suas opiniões, suas paixões etc.

Basicamente, há três maneiras de o narrador transcrever a fala das personagens: o **discurso direto**, o **discurso indireto** e o **discurso indireto livre**.

No **discurso direto**, o narrador dá voz à personagem, que é chamada a falar. Geralmente essa fala é precedida de dois-pontos e travessão:

> "— Mamãe, olhe como este senhor cabeleireiro me penteou; pediu-me para acabar o penteado, e fez isto. Veja que tranças!
>
> — Que tem? Acudiu a mãe, transbordando de benevolência. Está muito bom, ninguém dirá que é de pessoa que não sabe pentear."
>
> (Machado de Assis)

No **discurso indireto**, o narrador reproduz, com suas próprias palavras, a fala da personagem.

Como recurso, ele usa uma oração subordinada introduzida por um conectivo (*que* ou *se*):

> "Rubião ordenou a um escravo que levasse o cachorro de presente à comadre Angélica, dizendo-lhe que, como gostava de bichos, lá ia mais um; que o tratasse bem, porque ele estava acostumado a isso; finalmente que o nome do cachorro era o mesmo que o dono, agora morto, Quincas Borba."
>
> (Machado de Assis)

Por último, o **discurso indireto-livre** apresenta o narrador e o personagem como um só produtor do discurso. Com esse recurso, o narrador pode revelar o mundo interior da personagem (sentimentos, dúvidas, indagações etc.) Por essa razão, ele é onisciente, ou seja, sabe tudo sobre todos:

> "Desde dezoito anos que o tal patriotismo lhe absorvia e por ele fizera a tolice de estudar inutilidades. Que lhe importavam os rios? Eram grandes? Pois que fossem... Em que lhe contribuiria para a felicidade saber o nome dos heróis do Brasil? Em nada... O importante é que ele tivesse sido feliz. Foi? Não."
>
> (Lima Barreto)

Observe, no último exemplo, que as reflexões da personagem se fundem com as do narrador por meio da conciliação do discurso direto e indireto num só enunciado. É o tipo de discurso mais complexo.

Os tipos de discurso são matéria frequente em provas de concursos e vestibulares. Por isso, fique atento!

22

O texto dissertativo

A redação normalmente exigida em provas é uma dissertação, tipo de texto elaborado para expor ideias, refletir sobre um assunto. Estrutura-se sobre um tema a que se agregam indícios ou provas que convençam o leitor da legitimidade do ponto de vista que você defende.

A **dissertação expositiva** é a reunião de fatos armazenados na memória. Dissertar sobre história, por exemplo, é a exposição de fatos já ocorridos, episódios de que temos conhecimento, sem levantar discussões.

A **dissertação argumentativa** exige não apenas a exposição dos fatos, mas também a explicação deles. Exige o conhecimento das causas e consequências dos fatos ocorridos. Enquanto a dissertação expositiva focaliza um assunto, a argumentativa coloca-o em discussão. É o tipo de dissertação mais exigido em vestibulares e concursos.

A estrutura clássica da dissertação geralmente apresenta três partes: **introdução, desenvolvimento** e **conclusão.** Embora nem todos os textos dissertativos apresentem essa estrutura, é uma maneira clara e objetiva para organizar um texto dissertativo.

Observe o que deve conter cada uma dessas partes:

Introdução – normalmente apresenta a ideia central (ou tópico frasal, momento em que você apresenta ao leitor, no primeiro parágrafo, o assunto a ser discutido). Deve conter um ou dois períodos curtos, objetivos e atraentes a fim de despertar o interesse de quem lê. Pode-se iniciar o texto dissertativo com uma citação, declaração, definição, interrogação, combinando-as ou não entre si.
Desenvolvimento – a parte mais extensa da redação, geralmente constituída de dois ou mais parágrafos, toma cerca de 70% do texto. Trata-se do desenvolvimento do assunto, momento em que a ideia central contida na introdução é discutida. Procure ser objetivo, alinhe suas ideias de maneira clara e progressiva a fim de induzir o leitor à reflexão. Lembre-se: o excesso de argumentos pode cansar o leitor. Evite um grave defeito redacional: períodos muito longos e repetitivos, entediantes e mal estruturados, não comprovando absolutamente nada.
Conclusão – é o fechamento do processo que você iniciou com a introdução e argumentou no desenvolvimento. É um resumo conciso de tudo o que você apresentou nas partes anteriores, tomando posição sobre o tema apresentado e ratificando seu ponto de vista. Deve ser breve, com a utilização de apenas um parágrafo.

23

Sinalize bem pausas e entonações

A língua escrita não dispõe dos recursos próprios da fala. Duas pessoas conversando utilizam, além da língua, gestos, mímicas, expressões do olhar etc.

Na escrita, há sinais que você utiliza para indicar essa variedade de recursos que a fala possui. São os **sinais de pausa** e **sinais de entonação**.

A vírgula, o ponto-final e o ponto e vírgula são **sinais de pausa**. Quando mudamos a melodia de voz, empregamos dois-pontos, ponto de interrogação, ponto de exclamação, reticências e parênteses, **sinais de entonação**.

Antes de cada sinal de entonação, mudamos a tonalidade e até o ritmo da fala. Leia em voz alta:

— Você já lambeu o prato, meu filho?

— Não vá lamber o prato, meu filho!

No primeiro exemplo, há uma interrogação irônica; no segundo, uma advertência brincalhona. O tom e o ritmo de voz determinam essas diferenças.

Observe agora:

— Meu filho: isso é pra ontem!

Nessa frase, há dois sinais melódicos (que são também sinais de pausa): os dois-pontos e o ponto de exclamação. Antes dos dois-pontos, sua voz parou brevemente, para ganhar, em seguida, um tom diferente que marcou a advertência e a ironia antes do ponto de exclamação.

Leia agora:

— Vinte anos cuidando dos filhos...

Note que, antes das reticências, o tom de voz marcou a emoção do emissor.

Geralmente, as reticências são usadas para indicar uma hesitação, uma incerteza ou um prolongamento da ideia. Além disso, por ser um discurso direto, empregou-se também um travessão para indicar a fala de alguém.

Quanto aos parênteses, nunca os utilize para cortar erros. Geralmente eles são usados para adicionar uma explicação ao contexto ou isolar uma informação suplementar. Quando errar, reescreva o trecho ou risque-o delicadamente.

24

A divisão da Gramática

Após a divulgação de programas para a realização de vestibulares ou a publicação de editais para concursos públicos, muitos candidatos têm dificuldades para iniciar os estudos porque não sabem localizar nos sumários das gramáticas os tópicos exigidos pelos examinadores.

Para iniciar seus estudos, é importante que você saiba identificar cada uma das divisões que a Gramática estabelece: **fonologia**, **morfologia** e **sintaxe**.

Fonologia – estuda os aspectos sonoros da palavra. Essa parte da Gramática descreve e classifica os fonemas (os sons da fala) produzidos pelo aparelho fonador. Cuida, ainda, das sílabas, da posição da sílaba tônica na palavra, da divisão silábica, dos encontros vocálicos e consonantais, da correta grafia e pronúncia das palavras e da acentuação gráfica.
Morfologia: é a parte da Gramática que analisa as formas das palavras, sua estrutura, formação, classificação (substantivo, adjetivo, artigo etc.) e flexão (variação). As palavras são formadas pela junção de partes menores, chamadas elementos mórficos. Quando você estuda esses elementos, opera a chamada análise morfológica.

Sintaxe: pode-se dizer que essa é a arquitetura da frase. Quando você cuida das relações existentes entre as palavras numa frase ou entre as orações num período para formar parágrafos e textos, realiza a chamada análise sintática. Essa parte da Gramática subdivide-se em **sintaxe de concordância, sintaxe de regência** e **sintaxe de colocação.**

Além dessas três partes, as gramáticas também reservam um capítulo especial destinado à **semântica,** que estuda as mudanças ou translações sofridas, no tempo e no espaço, pela significação das palavras.

25

De olho no dicionário

No estudo da significação das palavras, o que interessa é o significado, a ideia que cada uma delas apresenta. Usadas num texto, elas apresentam seu significado definido dentro do próprio texto. Quando você desconhece o significado de alguma palavra, certamente deve recorrer a um dicionário.

Você sabe como manusear um dicionário? Para consultá-lo, você deve empregar o mesmo processo usado em uma lista telefônica. A maioria dos nossos dicionários utiliza, no alto da página, duas palavras. A primeira é a chamada entrada lexical ou primeiro verbete; a outra é a saída, o último verbete da página.

A consulta ao dicionário, além de ampliar seu vocabulário, também é fundamental pelos seguintes aspectos:

- define o significado das palavras e sua correta grafia;
- informa a etimologia das palavras, fornecendo explicações quanto à origem (latim, grego, árabe, outra língua antiga ou empréstimo de alguma língua estrangeira moderna);

- assegura a classe gramatical da palavra (substantivo, adjetivo, pronome, verbo etc.);
- no caso das classes gramaticais variáveis, esclarece sua flexão quanto ao gênero e número.

Não se esqueça, porém, de que nem todos os significados de um verbete são válidos para um determinado contexto. Para escolher o sentido que uma palavra assume em relação a todos os seus significados, retorne à frase em que ela foi inserida.

Tenha muita atenção na hora de escolher um dicionário porque todos têm falhas. Por isso, informe-se com profissionais especializados a respeito de sua escolha. Procure adquirir dicionários de grandes autores, como Aurélio Buarque de Holanda, Antônio Houaiss, Caldas Aulete, Michaelis etc.

Além dos dicionários expressos, você pode, também, adquirir os modernos dicionários eletrônicos, que fazem uso do meio digital e podem ser divididos em dicionários *off-line* (em CDs) e dicionários *on-line* (usados na própria rede, em tempo real).

26

O valor das palavras

Às vezes, certas palavras apresentam valor absoluto (significado primitivo, etimológico) ou relativo (significado determinado por sua posição na frase ou alteração sofrida no decorrer do tempo).

Veja os exemplos:

1. **Certos** amigos entendem nossos problemas.
2. Amigos **certos** entendem nossos problemas.

Observe que a posição da palavra "certos" nessas frases altera a classe gramatical. Na primeira, é **pronome indefinido**, empregado com o valor de *alguns*; na segunda, **adjetivo**, equivalendo a *verdadeiros*.

Observe agora as palavras "lábio" e "beiço". Embora registradas nos dicionários como sinônimas, você não pode empregar uma pela outra. Você não dirá "Aquela garota tem um beiço lindo"...

Essas palavras, como outras de nossa língua, são relativamente semelhantes quanto ao significado; porém, não são sinônimas perfeitas, já que possuem valor diferente.

Quanto ao significado, as palavras apresentam a seguinte classificação:

Sinonímia: duas ou mais palavras diferentes na forma têm significação idêntica ou parecida: *cortesia* e *favor*; *brado* e *grito*; *mau* e *ruim* etc.

Antonímia: duas ou mais palavras diferentes na forma têm significação oposta: *mal* e *bem*; *claro* e *escuro*; *longe* e *perto* etc.

Homonímia: duas ou mais palavras têm a mesma grafia, mas significações diferentes: *cedo* (advérbio) e *cedo* (verbo); *canto* (substantivo) e *canto* (verbo); *mato* (substantivo) e *mato* (verbo) etc.

Paronímia: duas ou mais palavras apresentam pronúncia e grafia levemente parecidas: *ratificar* (confirmar) e *retificar* (corrigir); *infringir* (violar, desrespeitar) e *infligir* (aplicar pena ou castigo) etc.

Polissemia: capacidade que uma palavra tem de assumir significados diferentes. A palavra *cabo*, por exemplo, pode ser elétrico, eleitoral, militar, da enxada etc.

Conforme a identidade apresentada, os homônimos podem ser:

Homógrafos: mesma grafia e pronúncia diferente: *rolo* (substantivo) e *rolo* (verbo); *prego* (substantivo) e *prego* (verbo); *espeto* (substantivo) e *espeto* (verbo) etc.

Homófonos: mesma pronúncia e grafia diferente: *cerração* (nevoeiro denso) e *serração* (ato de serrar); *laço* (nó) e *lasso* (cansado, frouxo); *concerto* (musical) e *conserto* (reparo) etc.

Homônimos perfeitos: são semelhantes na pronúncia e na escrita: *livre* (adjetivo) e *livre* (verbo); *caro* (advérbio) e *caro* (adjetivo); *trabalho* (substantivo) e *trabalho* (verbo) etc.

27

Classes de palavras variáveis

Todas as palavras que você utiliza para se comunicar apresentam uma finalidade: algumas nomeiam os seres, outras indicam as qualidades ou características dos seres, outras estabelecem a ligação entre os termos da oração etc. De acordo com essas finalidades, os gramáticos agruparam as palavras da língua portuguesa em dez classes: *substantivo*, *artigo*, *adjetivo*, *pronome*, *numeral*, *verbo*, *advérbio*, *preposição*, *conjunção* e *interjeição*. As seis primeiras são palavras variáveis; as quatro restantes, invariáveis.

As variáveis alteram-se para indicar mudança de gênero, de número, de grau, de pessoa, de tempo ou de modo. As invariáveis não apresentam tais alterações.

Estas são as classes de palavras variáveis:

a) **substantivo**: designa ou nomeia os seres em geral, quer sejam concretos ou abstratos. É a base nuclear do sintagma nominal:

planeta – homem – trabalho – emoção

b) **artigo**: antepõe-se ao substantivo para determiná-lo ou indeterminá-lo:

o (gato) – a (casa) – um (dia) – uma (luz)

c) **adjetivo**: indica qualidades, condições ou estados existentes dos seres:

bonito – alegre – amarelo – sincero

d) **pronome**: substitui ou determina um substantivo:

tu – ele – nós – meu – aquele – alguém

e) **numeral**: exprime quantidade, ordem, fração ou multiplicação dos seres:

cinco – terceiro – um décimo – triplo

f) **verbo**: palavra que indica ação, processo, duração, estado, atitude de alguém ou fenômeno da natureza. Pode-se dizer que o verbo é a alma do enunciado. Sem ele, não existe oração. Das palavras variáveis, o verbo é a classe que possui mais flexões, ou seja, terminações que servem para indicar pessoa, número, tempo e modo:

pulo – pulei – pulaste – pulasse – pulávamos – pularemos – pularíeis

28

Classes de palavras invariáveis

As classes de palavras que não sofrem variações são as seguintes:

a) **advérbio**: modifica verbos, adjetivos ou outros advérbios:

ontem – sempre – ali – felizmente

Na linguagem familiar ou afetiva, é comum seu emprego no grau diminutivo:

cedinho – depressinha – pertinho

b) **preposição**: estabelece conexão entre duas outras palavras. São preposições **essenciais**:

a – ante – até – após – com – contra – de – desde – em – entre – para – por – perante – sem – sob – sobre – trás

Certas palavras de outras classes podem funcionar como preposição:

durante – como – conforme – segundo –
mediante – salvo – exceto – afora

c) **conjunção**: estabelece ligação entre duas orações ou entre dois termos semelhantes de uma mesma oração:

e – mas – porém – ou – todavia – portanto – contudo –
embora – caso – porque – pois – conquanto – caso

d) **interjeição**: empregada para exprimir sentimentos ou reações de natureza emocional:

Credo! – Nossa! – Ufa! – Oh! – Oba!

Há também os conjuntos chamados de locuções. São os seguintes:

locução verbal: vou estudar, tenho estudado, estou amando, hei de vencer etc.
locução adjetiva: período da tarde (= vespertino), perímetro da cidade (= urbano), águas da chuva (= pluviais) etc.
locução pronominal: cada um, seja quem for, qualquer um, cada qual, todo aquele que etc.
locução adverbial: às vezes, às pressas, de repente, com vontade, com afinco etc.
locução prepositiva: por meio de, em volta de, ao redor de, à beira de, a par de etc.
locução conjuntiva: desde que, a fim de que, à medida que, sempre que, se bem que etc.

29

No meio do caminho, uma preposição

Certas palavras ou locuções ligam dois termos ou duas orações: são as **preposições**. Observe:

A garota fugiu **de** casa.

Nesse exemplo, a preposição **de** liga "fugiu" e "casa", estabelecendo relação de **lugar** entre elas.

A relação de sentido, contudo, nem sempre é a mesma para todas as preposições. Em "carro **de** papai", *de* estabelece uma relação de **posse**. Observe outros exemplos:

Exemplo	Relação
Não conseguia dormir **com** o barulho.	causa
Feri-me **com** uma faca.	instrumento
Viajei **com** meus pais.	companhia
Ela sempre se vestiu **com** elegância.	modo
Aquele garoto é parecido **com** o pai.	comparação

Veja alguns valores semânticos que as preposições podem exprimir:

Valor	Exemplo
lugar	O gato dormia **sobre** o sofá.
assunto	O professor falará **sobre** política.
meio	Viajaremos **de** ônibus.
instrumento	Abriu a caixa **com** uma chave.
matéria	Comprou um relógio **de** ouro.
origem	Este vinho veio **de** Portugal.
oposição	Eles agiram **contra** mim.
finalidade	Voltaremos cedo **para** estudar.
causa	O mendigo morreu **de** frio.
posse	Este carro é **de** meu irmão.
substituição	Farei o trabalho **por** você.

As preposições podem ligar-se a outras classes de palavras. Havendo alteração fonética, ocorre **contração**; não havendo, ocorre **combinação**:

Iremos ao cinema. (combinação)
Chegamos aonde queríamos. (combinação)
Não confiamos nele. (contração)
Goleiro da Seleção. (contração)

30

As conjunções juntam

O que se avalia nos exames atuais é a capacidade de o candidato reconhecer a significação dos elementos coesivos do período composto. Observe a significação de alguns conectores textuais.

Classificação coordenativa	Conjunções e locuções	Exemplos
aditivas (soma, adição)	e, nem, mas também, bem como, como também etc.	Meu irmão não trabalha **nem** estuda.
adversativas (contraste, oposição)	mas, porém, todavia, contudo, entretanto etc.	Meu tio é rico, **porém** muito avarento.
alternativas (alternância, de escolha, de exclusão)	ou, ou... ou, ora... ora, quer... quer, seja... seja etc.	A amizade **ou** é sincera **ou** não existe.
conclusivas (conclusão)	logo, portanto, por isso, pois (depois do verbo) etc.	Gastou tudo, não pôde, **pois**, pagar a conta.
explicativas (explicação)	que, porque, porquanto, pois (anteposto ao verbo)	Leve este livro, **pois** o preço está ótimo.

Classificação subordinativa	Conjunções e locuções	Exemplos
causais (causa, motivo da ocorrência de um fato)	como, porque, já que, uma vez que, visto que etc.	Foi reprovado **porque** não se esforçou.
comparativas (comparação entre dois ou mais elementos)	que (precedido de mais, menos), tal qual, como etc.	Nada pesa tanto **como** um segredo.
temporais (o tempo ou a época da ocorrência de um fato)	quando, assim que, logo que, depois que etc.	**Quando** você sair, tranque a porta.
condicionais (condição ou hipótese de uma ocorrência)	se, caso, desde que, salvo se, contanto que etc.	**Desde que** não chova, iremos à praia.
proporcionais (proporção em relação ao verbo da principal)	à medida que, à proporção que, quanto mais etc.	**Quanto mais** se lê, mais se aprende.
finais (o objetivo a ser alcançado)	para que, a fim de que, que (= para que)	Trabalho **para que** possa sustentar minha família.
consecutivas (consequência do fato da principal)	que (antecedido de tamanho, tanto, tão), etc.	A surpresa foi **tão** grande **que** ela desmaiou.
concessivas (fato contrário ao da principal, contudo, sem anulá-lo)	embora, por mais que, mesmo que, ainda que, se bem que etc.	**Ainda que** chova, viajarei.
conformativas (concordância entre dois fatos)	como, conforme, segundo, de acordo com etc.	Agiremos **conforme** o regulamento.

31

Quem? Onde? É relativo...

Os pronomes relativos retomam na oração seguinte um termo expresso na oração anterior, evitando sua repetição. Além de servirem de conectivos, sempre exercem função sintática na oração de que fazem parte. Assim, em “O homem **que** fuma prejudica sua saúde”, “o homem” é sujeito do verbo “prejudicar”; já o sujeito do verbo “fumar” é o pronome relativo **que**.

Há muitos pronomes relativos além do *que*: o/a qual/quais, cujo(a), cujos(as), quanto, quantos(as), quem, onde, como, quando.

- *Que* é empregado em relação a coisas e, às vezes, a pessoas:

> Já li o livro **que** você me emprestou.
>
> É muito linda a mulher **que** você me apresentou.

- *Quem* sempre é preposicionado e refere-se exclusivamente a pessoas:

> Não conheço o rapaz **em quem** você muito confia.

- *Onde* sempre retoma um termo indicativo de lugar ou espaço físico e é substituível por *em que*:

> Aquela é a igreja **onde** (= **em que**) me casei.

- *Cujo* e flexões sempre se posicionam antes de um substantivo, concordando com ele em gênero e número:

> Aquele é o senhor **cujas** filhas são atrizes.

- *O qual* deve ser usado, de preferência, depois de preposições com mais de uma sílaba ou locuções prepositivas:

> Este é o tema **sobre o qual** o professor falou.
> Secou o lago **ao redor do qual** nós passeávamos.

- *Quanto* (e flexões) tem como antecedente os pronomes indefinidos *tudo*, *todo(s)*, *toda(s)*, *tanto(s)*, *tanta(s)*:

> Ele revelou **tudo quanto** sabia.
> Faça redações **tantas quantas** forem necessárias.

Por fim, os pronomes relativos devem ser antecedidos de preposição quando o termo regente assim o exigir:

> Este é o livro **a que** me referi. (O verbo "referir-se" rege a preposição *a*.)
>
> Você é a pessoa **em quem** tenho confiança. (O substantivo "confiança" rege a preposição *em*.)

32

Veja quem manda

A forma verbal empregada no imperativo nem sempre indica ordem a alguém; também pode exprimir, com mais frequência, pedido, convite, solicitação ou súplica.

Em português, existem duas formas de imperativo: o **afirmativo** e o **negativo**.

O imperativo afirmativo é montado da seguinte maneira: utilize a 2ª pessoa do singular (*tu*) e a 2ª do plural (*vós*) do presente do indicativo sem a letra *s* final. Somente essas duas pessoas têm formas próprias no imperativo afirmativo; as demais você retira do presente do subjuntivo, que também empresta **todas** as formas para a formação do imperativo negativo.

Como no imperativo você sempre se dirige a um ouvinte, esse modo só admite as pessoas que representam o(s) receptor(es), ou seja, as 2ªs pessoas (*tu* e *vós*) e as 3ªs pessoas (*você* e *vocês*). Você também pode utilizar a 1ª pessoa do plural (*nós*) nas ocasiões em que se associa aos ouvinte(s) – *você e eu* ou *vocês e eu*.

Veja, na prática, como tudo isso ocorre, usando como modelo o verbo "pular", que pertence à primeira conjugação.

Presente do indicativo	Imperativo afirmativo	Presente do subjuntivo	Imperativo negativo
pulo	(não há)	pule	(não há)
pulas(-s) →	pula	pules →	não pules
pula	pule	← pule →	não pule
pulamos	pulemos	← pulemos →	não pulemos
pulais(-s) →	pulai	puleis →	não puleis
pulam	pulem	← pulem →	não pulem

O verbo *ser*, no imperativo afirmativo, não segue esse modelo de derivação. Conjuga-se assim: *sê* (tu), *seja* (você), *sejamos* (nós), *sede* (vós), *sejam* (vocês).

No imperativo negativo, contudo, a formas são emprestadas do presente do subjuntivo:

Imperativo afirmativo	Imperativo negativo	Presente do subjuntivo
não há	não há	não há
sê	não sejas	sejas
seja	não seja	seja
sejamos	não sejamos	sejamos
sede	não sejais	sejais
sejam	não sejam	sejam

33

Sintagmas nominais e verbais

Sintagma é a unidade linguística organizada em torno de um nome ou de um verbo, uma combinação de unidades em que um núcleo (**determinado**) cria um elo combinatório com outras formas gramaticais (**determinantes**).

"O jovem atleta venceu a corrida" é um conjunto com dois subconjuntos: "O jovem atleta" e "venceu a corrida". O primeiro é um **sintagma nominal** porque o núcleo é um nome: "atleta", que tem como determinantes o artigo definido "o" e o adjetivo "jovem". O segundo é um **sintagma verbal**, já que o núcleo é o verbo "venceu". Esses dois subconjuntos formam um conjunto maior: a **oração**.

Na frase, os sintagmas são formados por palavras com funções específicas denominadas **termos**. O termo determinado é o núcleo; os determinantes são os adjuntos ou complementos.

Observe as classes gramaticais que funcionam como núcleo:

uma **luta** sangrenta (núcleo substantival)
brevemente **voltaremos** aqui (núcleo verbal)
estamos **contentes** (núcleo adjetival)
extremamente **tarde** (núcleo adverbial)

Os determinantes restringem ou especificam os determinados e, geralmente, concordam com estes. Observe as classes que funcionam como adjuntos adnominais:

Classes gramaticais	Adjuntos adnominais
artigo	**os** professores
pronome adjetivo	**meus** professores
numeral adjetivo	**primeiros** professores
adjetivo	professores **dedicados**
locução adjetiva	professores **de música**

Num sintagma, também pode figurar um termo modificador de outro termo. Sintaticamente, é adjunto adverbial, cuja função é modificar a circunstância de um verbo, adjetivo ou advérbio:

andar **depressa** (modifica o verbo)
bastante educado (modifica o adjetivo)
muito bem (modifica o advérbio)

Há termos que completam o sentido de um núcleo verbal ou nominal. São os termos integrantes:

Exemplo	Termos integrantes
escrever **um bilhete** crer **em Deus** ser eleito **pelo povo** certeza **da vitória**	objeto direto objeto indireto agente da passiva complemento nominal

34

Frase e oração

Ao empregar uma palavra ou um conjunto de palavras para se comunicar com alguém, você está usando uma frase. Veja alguns exemplos de frases curtas:

Silêncio! Café? Fujam! Que belo quadro!

Observe que uma só palavra ou um conjunto de palavras foi suficiente para estabelecer a comunicação. Veja, agora, um exemplo de frase mais extensa:

> "Se eu pudesse contar as lágrimas que chorei na véspera e na manhã, somaria mais que todas as vertidas desde Adão e Eva."
>
> (Machado de Assis)

A **frase**, portanto, seja curta ou longa, contenha ou não verbo, sempre deve apresentar sentido completo. Pode ser classificada em **frase nominal** ou **frase verbal**.

Frase nominal é o enunciado linguístico, geralmente bem curto, que não apresenta a estrutura sintática mínima – sujeito e predicado, pois não apresenta verbo.

Cuidado!

Bom dia!

Nada como um dia depois do outro.

Frase verbal, também conhecida como **oração**, é o enunciado que, com um verbo ou uma locução verbal, pode, geralmente, ser desmembrado em sujeito e predicado.

"A meninice brincou de novo nos olhos dela."

(Manuel Bandeira)

Esse exemplo é uma **frase** porque apresenta sentido completo, e é também **oração**, pois está organizado em torno de um verbo.

Uma frase também pode apresentar mais de uma oração:

"Triste é o rio que não pode parar."

(Mario Quintana)

Essa frase é composta de duas orações: "Triste **é** o rio" (contém o verbo "ser") e "que não **pode parar**" (contém a locução verbal "pode parar").

Assim, saiba as diferenças:

Frase	Oração
• pode ou não ter verbo (ou locução verbal); • sempre tem sentido completo;	• sempre tem verbo (ou locução verbal); • pode ou não ter sentido completo.

35

Oração e período

Se você escolhesse uma série de palavras – *alagadas as ainda estavam as ruas* –, será que conseguiria transmitir uma mensagem? Parece que não. Além de escolher as palavras adequadas para estabelecer a comunicação com alguém, é preciso também relacioná-las para que possam transmitir uma ideia, um pensamento, enfim, a própria mensagem.

Assim, é possível reestruturar o conjunto de palavras *alagadas as ainda estavam as ruas* para estabelecer relações lógicas entre elas: *As ruas ainda estavam alagadas*. Agora o receptor tem condições de entender a mensagem, uma vez que as palavras se combinam umas com as outras.

Você transmite suas mensagens a alguém por meio de um conjunto de palavras estruturado em torno de um verbo (ou de uma locução verbal), conjunto este chamado de **oração**.

Geralmente, a oração é constituída de dois elementos básicos: **sujeito** e **predicado**. Na oração que organizamos na página anterior, "As ruas" é o sujeito e "ainda estavam alagadas" é o predicado. Agora, temos, ao mesmo tempo, **frase** — porque apresenta sentido completo — e **oração** — porque está organizada em torno de um verbo*.

A frase formada por apenas uma oração recebe o nome de **período simples** ou **oração absoluta**:

> A ventania **destelhou** várias casas.

Já a frase formada por um conjunto de orações chama-se **período composto** (composto por várias opções).

> [Não me **agrada**] [que você **apareça** por aqui]
> [e não nos **ajude** a fazer os trabalhos.]

Nesse exemplo, cada um dos verbos destacados constitui uma oração. Trata-se, então, de um período composto por três orações.

Entender a estrutura do período composto é muito importante, por exemplo, para pontuar corretamente um texto, o que lhe será exigido na hora de escrever a justificativa de uma resposta, uma redação ou de resolver uma questão específica sobre pontuação.

---

* Veja a diferença entre frase e oração na dica 34.

36 ORAÇÕES

Saiba separar as orações

As diferentes maneiras de elaborar um período composto recebem genericamente o nome de processos sintáticos, isto é, **subordinação** e **coordenação**. Observe os exemplos:

> ["Os ornitólogos devem saber] [**se isso é caso comum ou raro**."] (Cecília Meireles)
>
> ["Deus **quer**,] [o homem **sonha**,] [a obra **nasce**."] (Fernando Pessoa)

No primeiro período, a segunda oração depende sintaticamente do verbo "dizer" da primeira oração. Trata-se, portanto, de uma **oração subordinada**, e a anterior é a **principal**.

No segundo exemplo, as orações são independentes, ou seja, ordenadas lado a lado, sem que uma exerça função sintática em relação à outra. As três são **orações coordenadas**.

Para separar as orações do período composto, você deve observar os seguintes critérios.

a) Dois verbos (ou duas locuções verbais) não podem figurar na mesma oração:

[O aluno] [que se **esforça**] [**aprende** com mais facilidade.]

b) Conjunções, pronomes relativos e certos pronomes e advérbios interrogativos sempre relacionam uma oração à outra:

[Creio] [**que** nos encontraremos novamente.]

c) As preposições sempre antecedem o conectivo de uma oração:

[Necessito] [**de que** me ajudem.]

d) Em orações em que figuram pronomes oblíquos ligados a verbos como *sentir*, *mandar*, *deixar*, *fazer*, *ajudar* etc., cujo sujeito é uma oração com verbo no infinitivo, a divisão se faz antes desses pronomes oblíquos:

[Mande] [-o entrar.]

e) As expressões formadas por *o(s) que*, *a(s) que*, *com o que*, *do que* etc., em que os pronomes *o(s)* ou *a(s)* podem ser substituídos por *aquilo*, *aquele(s)* ou *aquela(s)*, a divisão se faz antes de *o(s)* ou *a(s)*:

[**O**] [**que** dizes] [não é confiável.]
(= Aquilo que dizes não é confiável.)

37

Concordância nominal

Ao escrever, normalmente fazemos a concordância das palavras determinantes (artigos, pronomes, numerais e adjetivos) com um termo determinado (substantivo). Há, porém, alguns casos que merecem atenção.

- Adjetivo concorda com o nome a que se referem o gênero e o número: "Comprei **quadros valiosos**".
- Adjetivo modificando vários substantivos vai para o plural ou pode concordar com o mais próximo: "Trajava **paletó e camisa brancos**"; "Trajava **paletó e camisa branca**".
- Adjetivo ou pronome antepostos a vários substantivos concordam em gênero e número com o substantivo mais próximo: "Escolhemos **bom lugar** e hora para pescar"; "Nunca vi **tanta ingratidão** e desrespeito".
- Adjetivo referente a sujeito não antecedido de um

determinante permanece invariável: "Cerveja é **gostoso** no verão".

Contudo, havendo um determinante (artigo ou pronome), o adjetivo deve concordar com o substantivo: "**A cerveja** brasileira é **gostosa**".

- Com as expressões *um e outro*, *nem um nem outro* seguidas de substantivo, o adjetivo vai para o plural, mas o substantivo fica sempre no singular: "Conheci **um e outro** repórter **estrangeiros**"; "Não vi **nem um nem outro** filme **premiados**".

- *Mesmo*, *próprio*, *obrigado*, *anexo*, *meio* e *bastante* concordam normalmente com a palavra a que se referem:

> **Ela mesma** corrigirá as provas.
> Muito **obrigada**, disse-me a garotinha.
> Seguem **anexas** as duplicatas pagas.
> Comprei **meia melancia** e **meio mamão**.
> Tenho **bastantes planos** para este projeto.

Porém, não se flexionam as palavras *meio* e *bastante* quando empregadas como advérbios:

> Hoje as ondas estão **meio** agitadas.
> Seus projetos são **bastante** interessantes.

- *Alerta* e *menos* são palavras invariáveis:

> As sentinelas circulavam **alerta** o quartel.
> Hoje há **menos** pessoas do que esperávamos.

38

Não cometa o mesmo erro

O emprego da palavra *mesmo* e variações quase sempre figura em registros de ocorrências policiais, em que são comuns construções como: "O ladrão libertou a vítima. A **mesma** estava abalada"; "Prenderam o pichador e o **mesmo** foi levado à delegacia".

Evite esse modismo. É melhor: "O ladrão libertou a vítima. **Ela** estava abalada"; "Prenderam o pichador e levaram-**no** à delegacia".

São os pronomes pessoais retos ou oblíquos que servem para substituir os nomes. Assim: "Comprei um novo dicionário, porém **ele** estava sem algumas páginas". Essa frase também pode ficar clara sem o emprego do pronome pessoal, observe: "Comprei um dicionário novo, porém estava sem algumas páginas".

Portanto, nunca empregue a palavra *mesmo* e variações como substituta de palavras já expressas. *Mesmo(s)*, *mesma(s)*, contudo, podem ser empregados em outras situações, quando:

- forem **pronomes adjetivos**, isto é, figurarem ao lado de um substantivo:

> Eu e meu primo trabalhamos na **mesma** empresa.
> Eles sempre se encontram no **mesmo** lugar.

- tiverem a função de **elemento enfático** posposto a pronomes ou substantivos:

> Ela **mesma** me contou os fatos.
> Os alunos **mesmos** deverão fazer a decoração do clube.

- forem **substantivos**:

> Que camisa você vai usar? A **mesma** de ontem.
> Depois da cirurgia, esse jogador já não é o **mesmo**.

- forem **advérbios**:

> Vou **mesmo** fazer essa viagem.
> Espero reencontrá-la aqui **mesmo**.

- tiverem a função de **conjunção subordinativa concessiva**:

> **Mesmo** com chuva, iremos à praia.
> **Mesmo** sem estudo, progrediu na vida.

Agora que você já sabe, não cometa o mesmo erro.

39

Concordância verbal

Quando o assunto é concordância verbal, redobre a atenção, já que existem muitas regras. A seguir, as que costumam gerar mais dúvidas.

- Verbo anteposto ao sujeito composto concorda com o núcleo mais próximo ou vai para o plural: "**Chegou** (ou **chegaram**) o técnico e seus auxiliares".
- As expressões *a maioria de*, *uma porção de*, *parte de* etc. seguidas de substantivo no plural admitem o verbo no singular ou no plural: "A maioria dos turistas já **voltou** (ou **voltaram**)".
- A expressão *mais de um* deixa o verbo no singular: "Mais de um candidato não **compareceu**". Havendo ideia de reciprocidade ou repetição da expressão *mais de um*, o verbo vai para o plural: "Mais de um candidato **trocavam-se** ofensas"; "Mais de um deputado, mais de um senador **viajaram** ao exterior".

- Com pronomes indefinidos ou interrogativos no plural seguidos de pronome pessoal, o verbo pode concordar com este último ou ir para a 3ª pessoa do plural: "Alguns de nós sempre **reclamamos** (ou **reclamam**)". Quando o pronome indefinido ou interrogativo estiver no singular, o verbo permanecerá obrigatoriamente no singular: "Algum de nós sempre **reclama**"; "Qual de nós **fará** esse serviço?".
- Quando o verbo estiver acompanhado de *se* e for transitivo direto, concordará com o sujeito posposto ao *se*:

> Aceitam-se cheques. → Cheques são aceitos.

- Com qualquer outro tipo de verbo acompanhado de *se*, o verbo fica na 3ª pessoa do singular: "**Precisa-se** de manobristas com prática".
- *Um ou outro* e *nem um nem outro* exigem o verbo no singular: "Um ou outro candidato **desistiu** da prova"; "Nem um nem outro prisioneiro **conseguiu** fugir".
- Sujeito ligado pela conjunção *ou* deixa o verbo no singular quando há ideia de **exclusão**: "O Brasil ou a Argentina **conquistará** a próxima Copa".
- Por fim, havendo ideia de **inclusão** ou **retificação**, o verbo deverá ir para o plural: "O fumo ou o álcool **prejudicam** o organismo".

40

QUE e QUEM concordam com quê?

Não há dúvida de que a concordância verbal causa vários embaraços a muitos estudantes, principalmente quando se trata de algumas palavras especiais, como *que* e *quem*.

Quando figura na frase a palavra *que*, o verbo concorda normalmente com o antecedente dela:

> Aqui sou **eu** que **decido** tudo.
> Fomos **nós** que o **convidamos**.

Quando o sujeito é representado pela palavra *quem*, a concordância se faz, de regra, na 3ª pessoa do singular:

> Aqui sou **eu** quem **decide** tudo.
> Fomos **nós** quem o **convidou**.
> Aqui sou **eu** quem **toma** as iniciativas.

Observe que nas frases anteriores há duas orações. Vamos tomar a última como exemplo. Se invertermos a ordem das orações nessa frase, obteremos a concordância: "**Quem toma** as iniciativas aqui sou eu".

Com essa inversão, fica claro que o sujeito da primeira oração é a palavra *quem*, por isso o verbo concorda com ela na 3ª pessoa do singular. Veja exemplos de alguns de nossos escritores:

"Fui eu **quem** o **ensinou** a desenhar." (Manuel Bandeira)
(= **Quem** o **ensinou** a desenhar fui eu.)

"Mas não sou eu **quem está** no jogo." (Erico Verissimo)
(= Mas **quem está** no jogo não sou eu.)

Não faltam, porém, exemplos de autores consagrados que concordam o verbo com o pronome pessoal antecedente da palavra *quem*:

"Não sou **eu** quem **descrevo**.
Eu sou a tela.
E oculta mão colora alguém em mim." (Fernando Pessoa)

"És **tu** quem **dás** frescor à mansa brisa." (Gonçalves Dias)

"Sou **eu** quem **perco**." (Rui Barbosa)

Fique atento: muitos são levados a crer que a concordância do verbo com a palavra *quem* é errada. Puro engano, a concordância nesse caso é facultativa.

41

O que é que há com o verbo HAVER?

É comum, por "cochilo" ou desconhecimento, construções como: "**Haviam** notas falsas na praça", "Espera-se que não **hajam** mais greves de motoristas", "Já **houveram** duas guerras mundiais" etc. Cuidado com o emprego do verbo *haver*, que, em algumas situações, é impessoal, ou seja, não possui sujeito.

Como verbo impessoal, o verbo *haver* deve figurar **sempre na 3ª pessoa do singular** em qualquer tempo e modo. Veja em que situações esse verbo é impessoal:

- no sentido de "existir":

> Havia mais ruas arborizadas antigamente.
> = Existiam mais ruas...

- no sentido de "realizar-se":

> Houve manifestações grevistas ontem.
> = Realizaram-se manifestações...

- no sentido de "ocorrer":

> **Houve** várias erupções no vulcão do Chile
> = **Ocorreram** várias erupções...

Observação importante: nas frases acima, somente o verbo *haver* é impessoal. *Existir*, *realizar-se* e *ocorrer* são pessoais, por isso foram flexionados no plural.

- no sentido de *fazer* (que também é impessoal):

> **Há** dias que ele me procurou. = **Faz** dias que ele me procurou.
>
> Eles saíram **há** cinco horas. = Eles saíram **faz** cinco horas.

Perceba que, nas frases acima, em vez do verbo *haver* podemos usar o advérbio *atrás*:

> Dias **atrás** ele me procurou.
>
> Eles saíram horas **atrás**.

Cuidado: é errado usar as duas formas na mesma frase. Assim, nunca se pode dizer, por exemplo, "Há dois dias atrás ele me procurou". Isso é uma redundância, uma repetição desnecessária.

Outro ponto importante: quando o verbo *haver* estiver acompanhado de outro verbo no pretérito imperfeito ou no mais-que-perfeito, deve-se usar a forma verbal *havia*, e não *há*, como comumente se lê por aí:

> Eu **trabalhava** [pretérito imperfeito] ali **havia** muitos anos.
>
> Ele **estivera** [mais-que-perfeito] ali **havia** muito tempo.

42

Concorda com a ideia?

Há casos na língua portuguesa em que o verbo não concorda com o termo expresso, mas com a ideia, com o que está subentendido na frase. Esse tipo de concordância se chama **silepse** (do grego *sýllepsis* = ação de compreender) e, apesar de parecer errada, não é. Pode ser **de gênero**, **de número** e **de pessoa**. Veja um exemplo:

A **Castelo Branco** vive sempre **congestionada.**

Aqui, "Castelo Branco" é substantivo masculino; no entanto, o adjetivo "congestionada" está no feminino para concordar com o substantivo feminino subentendido: "rodovia". Essa é, portanto, uma **silepse de gênero**.

A **multidão** dispersou e **saíram** gritando.

Já nessa frase, o substantivo "multidão" é coletivo; porém, o verbo "sair" está flexionado na 3ª pessoa do plural porque concorda com a ideia de plural contida no coletivo "multidão" (as pessoas). Trata-se de uma

silepse de número, que só pode ocorrer quando o verbo está distante do coletivo. Portanto, não se admite, por exemplo, uma construção como: "A multidão dispersaram e saíram gritando". Cuidado!

O terceiro caso é a **silepse de pessoa**.

Dizem que os **paulistanos nascemos** para o trabalho.

Estranho, não? Aqui, o substantivo "paulistanos" está na 3ª pessoa do plural (eles); portanto, o verbo deveria estar nessa pessoa e nesse número também. Ocorre que, na ação verbal, está subentendida a pessoa que fala: "nós". Daí a razão de a concordância ocorrer com a ideia subentendida, não com a forma gramatical.

Observe agora um caso raro de silepse:

"Eis que começa a **gente** do mar a queixar-se e dar culpas a quem **os** fizera navegar."

(Fr. Luís de Sousa)

O substantivo "gente" é feminino plural, e o pronome pessoal oblíquo "os" é masculino plural, ficando subentendido o substantivo masculino plural "os marinheiros". Temos, então, um caso simultâneo de silepse de gênero e de número.

Por estar desgastada pelo uso, a silepse já não representa recurso expressivo da língua portuguesa, pelo menos no Brasil. Por isso, não abuse muito desse recurso, mas saiba identificá-lo se ele aparecer em uma questão ou em um texto da sua prova.

43

Regência verbal e nominal

Observe a frase "Prefiro mais cinema do que teatro". Parece correta, não é? Mas há aí um dos erros mais comuns de regência verbal.

O que é regência verbal? É uma parte da gramática que estuda as relações entre os verbos e os termos que os complementam (objetos diretos e objetos indiretos). Sabe-se que o verbo *confiar* rege a preposição *em* (confiar *em* alguém ou *em* algo); o verbo *simpatizar* rege a preposição *com* (simpatizar *com* alguém ou *com* algo); o verbo *necessitar* rege a preposição *de* (necessitar *de* alguém ou *de* algo).

E o verbo *chegar*? Na linguagem coloquial, é muito comum empregar-se a preposição *em* no lugar de *a*:

Chegamos **em** Santos bem cedo.
O presidente chegará **em** São Paulo à tarde.

No padrão culto, as construções corretas são:

Chegamos a Santos bem cedo.
O presidente chegará a São Paulo à tarde.

Voltemos ao nosso exemplo inicial: "Prefiro mais cinema do que teatro". O erro está no emprego da expressão "mais... do que". No verbo *preferir*, já está contida a ideia de "mais", além de ser um verbo que exige a preposição *a*. Por isso, a construção correta é:

Prefiro cinema a teatro.

Na **regência nominal**, ocorre o mesmo. O adjetivo *preferível*, por exemplo, segue os passos do verbo *preferir*:

É preferível morrer a perder a liberdade.

É disso, portanto, que se ocupa a sintaxe de regência: estabelecer relações entre as palavras, a fim de se construírem frases que expressem efetivamente o sentido desejado de acordo com as regras exigidas pela gramática normativa.

Quando você tiver dúvida quanto à regência de um determinado verbo ou nome, é preferível consultar um bom dicionário a empregar formas em desacordo com a linguagem-padrão (normatizada pela gramática).

44

Onde pôr o pronome?

Os pronomes pessoais oblíquos átonos, em relação ao verbo, podem ficar antepostos, interpostos ou pospostos. No primeiro caso, temos um caso de **próclise**; no segundo, **mesóclise**; no terceiro, **ênclise**.

Algumas gramáticas apresentam numerosas e complicadas regras de colocação desses pronomes. Há, porém, vários exemplos de bons autores discordantes de algumas delas. Para tentar simplificar, apresentamos no quadro a seguir apenas oito casos essenciais:

Regra	Exemplos
1. Quando antes do verbo figuram palavras de teor negativo, em geral, ocorre **próclise**.	**Nunca te** darei meu apoio. **Não me** perturbe, por favor! Ele **nem nos** telefonou.
2. Quando antes do verbo figura **pronome** (indefinido, demonstrativo, relativo, interrogativo ou de tratamento), ocorre **próclise**.	**Ninguém me** informou o caso. **Aquilo nos** aborreceu. Este é o livro sobre o **qual lhe** falei. **Quantos te** ajudaram? **Você me** perdoa, querida?

Regra	Exemplos
3. Quando antes do verbo figuram conjunções subordinativas, ocorre **próclise**.	Quero **que me** ajudem nesta tarefa. **Quando te** vi, fiquei feliz.
4. Com verbos no gerúndio, regidos pela preposição **em**, ocorre **próclise**.	**Em se tratando** de esportes, o futebol polariza os comentários.
5. Nas orações optativas (as que exprimem desejo), ocorre **próclise**.	Deus **me** livre. Bons ventos **o** levem. Macacos **me** mordam.
6. Com verbos no futuro (do presente ou do pretérito), ocorre **mesóclise**, desde que não haja os fatores indicados nas 1ª e 2ª regras.	**Dir-lhe-ei** tudo o que sei. **Ouvir-te-ia** se pudesse. Se necessário, **retirar-me-ia.**
7. Com verbos no imperativo afirmativo, ocorre **ênclise**.	**Afaste-se** do fogão, garoto. Por favor, **sentem-se**. **Devolva-me** isso.
8. Nas orações iniciadas por verbos que não estejam no futuro, ocorre a **ênclise**.	**Conheço-te** há anos. **Levantei-me** assim que o professor chegou.

Quando a frase não se encaixa em nenhum dos casos apontados acima, a colocação do pronome átono é indiferente. A escolha é sua, observe:

> O motorista **feriu-se** gravemente.
> OU O motorista **se feriu** gravemente.

45

Os pronomes átonos nas locuções verbais

Locução verbal é o conjunto de verbos com apenas um núcleo significativo.

As locuções verbais apresentam um verbo principal antecedido de um verbo auxiliar. O verbo principal está sempre no **infinitivo**, no **gerúndio** ou no **particípio**, os quais não variam. É o verbo auxiliar que recebe flexão para indicar pessoa, tempo e modo.

Nas locuções verbais em que o verbo principal figura no **infinitivo** ou no **gerúndio**, o pronome átono pode apresentar as seguintes possibilidades de colocação:

- Não havendo fator de próclise, o pronome átono pode ficar depois do verbo auxiliar ou depois do principal:

> Devo-lhe **revelar** a verdade.
> **Devo revelar-lhe** a verdade.

Estou-lhe revelando a verdade.
Estou revelando-lhe a verdade.

- Havendo fator de próclise, o pronome átono pode ficar antes do verbo auxiliar ou depois do verbo principal:

Não lhe devo revelar a verdade.
Não devo revelar-lhe a verdade.

Não lhe estou revelando a verdade.
Não estou revelando-lhe a verdade.

Nas locuções verbais em que o verbo principal figura no particípio, ocorre o seguinte:

- Não havendo fator de próclise, o pronome átono deve ficar obrigatoriamente depois do verbo auxiliar.

Havia-lhe revelado a verdade.

- Havendo fator de próclise, o pronome átono deve ficar obrigatoriamente antes do verbo auxiliar.

Não lhe havia revelado a verdade.

Nunca se deve colocar um pronome átono depois de verbos no particípio:

Havia revelado-lhe a verdade.

A forma correta é:

Havia-lhe revelado a verdade.

46

A força da voz

A sílaba é representada por um fonema ou grupo de fonemas emitidos num só impulso de voz.

Em cada palavra de mais de uma sílaba, sempre existe uma proferida com mais intensidade de voz em relação à sílaba vizinha. É a chamada **sílaba tônica**. Na fala, sua emissão é destacada: **ca**-sa, me-**la**-do, bam-**bu**, sa-**ci**.

A **sílaba átona** é aquela considerada fraca em relação à tônica. Na fala, sua emissão é ligeiramente desprovida de força ou intensidade: ca-**sa**, **me**-la-**do**, **sa**-ci.

São **pretônicas** as que se posicionam antes da tônica, e **postônicas** as que figuram depois:

bo	ne	ca
↓	↓	↓
átona pretônica	tônica	átona postônica

Existe ainda uma sílaba de pronúncia intermediária entre a átona e a tônica: chama-se **subtônica**, própria de palavras derivadas e corresponde à sílaba tônica da palavra primitiva. Veja a correspondência:

bam	bu	
↓	↓	
átona	tônica	
bam	bu	zal
↓	↓	↓
átona	subtônica	tônica

Quanto à posição da sílaba tônica, as palavras de mais de uma sílaba podem ser **oxítonas, paroxítonas** ou **proparoxítonas.**

Oxítonas: a sílaba tônica é a última: so-**fá**, bam-**bu**, ca-**fé**, ru-**bi**.
Paroxítonas: a sílaba tônica é a penúltima: ca-**rá**-ter, ca-**be**-ça, ca-**dei**-ra.
Proparoxítonas: a sílaba tônica é a antepenúltima: **lâm**-pa-da, **ân**-gu-lo, **ú**-ni-co.

Cuidado: nem sempre a vogal tônica é marcada por acento agudo ou circunflexo. O acento gráfico é um mero sinal que utilizamos na grafia de certas palavras para indicar sua tonicidade.

47

Os pequenos também têm força

Os monossílabos podem ser **fracos** ou **fortes**. Você só percebe a diferença com a pronúncia da palavra contextualizada. Por exemplo: "A criança brinca **no** quintal" e "Não sei dar **nó** em gravatas". Na primeira frase, "no" é pronunciado com menos intensidade de voz do que "nó". Portanto, "no" é **monossílabo átono**, e "nó" é **monossílabo tônico**.

Observe alguns critérios para distinguir esses dois tipos de monossílabos:

- **Átonos**: são proferidos tão fracamente que, na frase, parecem apoiar-se na sílaba da palavra vizinha, formando assim um só vocábulo:

> Muitos vivem **de** esmolas.
> (monossílabo átono: a pronúncia possível é [**dismolas**])

- **Tônicos**: são proferidos fortemente. Por terem emissão destacada na frase, não se apoiam na palavra vizinha:

Não **dê** esmolas a crianças.
(a pronúncia possível só pode ser [**de esmolas**])

A classe gramatical da palavra também é um bom critério para você distinguir esses dois tipos de monossílabos:

Monossílabos tônicos: substantivos, adjetivos, numerais, alguns pronomes, verbos e advérbios: *dor, má, três, mim, ti, tu, nós, vá, vem, cá, lá* etc.
Monossílabos átonos: artigos definidos e indefinidos (*o, a, os, as, um, uns*); preposições (*a, com, de, em, por, sob*); pronomes pessoais oblíquos (*me, te, se, o, a, lhe, nos, vos, os, as, lhes*); pronome relativo ou interrogativo (*que*); combinações e contrações (*ao, do, da, no, na* etc.); conjunções (*que, mas, nem, ou, se*).

Os monossílabos tônicos sempre são acentuados graficamente quando terminam em *a(s)*, *e(s)*, *o(s)* ou são formados por ditongos orais abertos: m**á**(s), p**é**(s), s**ó**(s), r**é**u(s), d**ó**i(s), g**é**is etc.

Os monossílabos átonos nunca devem ser acentuados graficamente: de, no, mas, me, lhe, se etc.

48 CA-SE-BRE

Juntas ou separadas?

A divisão silábica em português é meramente fonética, ou seja, separam-se as sílabas de um vocábulo conforme a soletração. Na escrita, separam-se as sílabas por meio de hífen: *ca-se-bre*, *ma-nhã*, *êx-ta-se*, *sin-ta-xe*, *xa-ro-pe*, *e-sô-fa-go*, *lâm-pa-da*, *fran-ce-sa*, *ân-gu-lo*.

Para a partição das sílabas de uma palavra, observe os seguintes critérios:

- Não se separam os fonemas vocálicos dos ditongos nem dos tritongos: vin-g**ais**, an**éis**, pe-n**ei**-ra, fa-r**óis**, **ou**-ri-ves, U-ru-g**uai**, i-g**uais** etc.
- Separam-se as vogais dos hiatos: S**a**-**a**-ra, en-j**o**-**o**, f**a**-**í**s-ca, j**u**-**í**-zo, p**o**-**e**-ta, r**u**-**e**-la, c**a**-**o**-lho, m**o**-**e**-da etc.
- Não se separam alguns encontros consonantais que iniciam sílaba ou palavra: **br**a-ça-da, **gr**á-fi-co, o-mo-**pl**a-ta etc.
- Em início ou final de linha, não se isola sílaba de uma só vogal: apos-**to** (e não a-posto), ga-**roa** (e não garo-**a**) etc.

- A consoante interna não seguida de vogal pertence à sílaba anterior: ra**p**-to, a**b**-so-lu-to, a**d**-vo-ga-do etc.
- As letras do grupo **cc** separam-se, ficando um **c** na sílaba anterior e o outro na sílaba seguinte: o**c**-**c**i-pi-tal, o**c**-**c**i-tâ-ni-co, o**c**-**c**i-tâ-neo etc.
- Quando a letra **s** figura entre duas consoantes, forma sílaba com a consoante anterior: **abs**-ci-são, **abs**-co-pal, **abs**-ten-ção, **obs**-ce-no, **obs**-ti-na-do, **obs**-tru-ir etc.
- A consoante inicial não seguida de vogal permanece na sílaba formada por ela: **gno**-mo, **pneu**-má-ti-co, **pni**-gó-fo-bo, **mne**-mô-ni-co, **dze**-ta, **gne**-tá-ceas etc.
- Se após os prefixos **bis**-, **cis**-, **des**-, **dis**- e **trans**- figura uma vogal, a letra **s** forma sílaba com essa vogal: **bi**-**sa**-vô, **ci**-**sal**-pi-no, **de**-**su**-ma-no, **di**-**sar**-tri-a, **tran**-**sa**-tlân-ti-co etc.

Alguns gramáticos e dicionaristas classificam os encontros vocálicos de palavras como *miséria*, *tênue*, *empório* etc. quer como **ditongos**, quer como **hiatos**, e as palavras, portanto, como **paroxítonas** ou **proparoxítonas**. Prefiro classificá-las como **paroxítonas**.

49

Encontros vocálicos

Encontro vocálico é a imediata sequência de fonemas vocálicos numa mesma sílaba ou não. Para o entendimento desse fenômeno fonético, é necessário saber distinguir **vogal** de **semivogal**.

A **vogal** é um fonema silábico, ou seja, sempre constitui a base da sílaba, já que não existe sílaba sem vogal: g**a**-t**o**, c**e**-d**o**, t**a**-t**u**, s**i**-r**i**.

A **semivogal** é representada pelas letras **i** e **u** quando, para formar uma sílaba, sempre se apoia numa vogal: ca**i**-xa, pe**i**-xe, ro**u**-pa, min-ga**u**.

As semivogais também podem ser representadas pelas letras **e** ou **o**: pã**e**s = [pãys], mã**o** = [mãw].

Os fonemas vocálicos podem figurar na mesma sílaba ou em sílabas separadas, daí a seguinte classificação:

- **Ditongo**: é a sequência formada por vogal e semivogal, ou vice-versa, numa mesma sílaba. Pode ser:

a) **crescente**: a vogal figura depois da semivogal: gló-**ria**, **qua**-se, tê-n**ue**.

b) **decrescente**: a vogal figura antes da semivogal: can-**tei**, fa-l**ou**, **cai**.

c) **oral**: o ar escapa apenas pela cavidade bucal: ré-g**ua**, **au**-to, **lei**-te.

d) **nasal**: o ar se distribui pela cavidade bucal e pelas fossas nasais: órg**ão**, m**ãe**, qu**an**do.

O ditongo é um fenômeno fonético, e não gráfico. Portanto também ocorrem ditongos em palavras como **além** [al**ẽi**], **também** [tamb**ẽi**] etc.

No ditongo crescente nasal, apenas a vogal é nasal; no ditongo decrescente nasal, a nasalidade abrange a vogal e a semivogal: a-ra-pu**ã**, qu**an**-to, m**ão**, p**õe** etc.

- **Tritongo**: a vogal figura entre duas semivogais. Também pode ser oral ou nasal: ig**uai**s, averig**uei** (orais), sag**uão**, enxág**uem** [enxag**uẽi**] etc.
- **Hiato**: é a sequência de duas vogais pronunciadas em sílabas separadas: p**o**-**e**-ta, c**a**-**o**-lho, s**a**-**ú**-va, **ca**-**ó**-ti-co, **ru**-**im** etc.

Os hiatos não devem ser classificados como orais ou nasais. Diga simplesmente **hiato**.

50

Encontros consonantais

Encontro **consonantal** é a sequência de sons consonantais no mesmo vocábulo. São perfeitos quando pertencem à mesma sílaba: **glo**-bo, **pre**-go. São imperfeitos quando em sílabas separadas: té**c**-**ni**-co, **af**-**ta**, in-vi**c**-**to**.

São **inseparáveis**:

bl – **blu**-sa	**gn** – **gno**-mo
br – **bra**-sa	**gr** – ne-**gro**
cl – ca-bo-**clo**	**pl** – **pla**-ca
cr – **cra**-vo	**pn** – **pneu**-má-tico
dr – ce-**dro**	**ps** – **psi**-co-lo-gia
fl – **flo**-co	**pr** – a-**pro**-var

Veja, agora, alguns encontros consonantais separáveis:

bs – **ab**-**so**-lu-to	**gn** – di**g**-**no**
cç – con-vi**c**-**ção**	**ls** – im-pu**l**-**são**
ct – im-pa**c**-**to**	**pt** – **ap**-**to**
dv – **ad**-**ven**-tis-ta	**tm** – ri**t**-**mo**
bl – **sub**-**lo**-car	**xc** – **ex**-**ci**-tar

Não confunda **dígrafo** com **encontro consonantal**. O grupo que representa apenas um único fonema recebe o nome de **dígrafo**, que pode ser vocálico ou consonantal:

- **vocálicos**: representados pelas letras *m* e *n*, desde que não figurem seguidas de vogal:

am – tampa	in – fingir
an – tango	om – ombro
em – empada	on – onda

- **consonantais**: representam um fonema consonantal:

ch – chama	gu – gueto
lh – malha	qu – queda
nh – banho	sc – crescer
rr – barro	sç – desça
ss – pássaro	xc – exceder

Na contagem de letras e fonemas de um vocábulo, subtrai-se o número de dígrafos do número de letras para obter-se o número de fonemas:

manta	5 letras e 4 fonemas
toalha	6 letras e 5 fonemas
cheque	6 letras e 4 fonemas
passarinho	10 letras e 8 fonemas

51

Tem ou não tem acento?

Observe o que a Reforma Ortográfica não mudou na acentuação gráfica:

Monossílabos tônicos: são acentuados os terminados em *a(s)*, *e(s)*, *o(s)* e ditongos abertos: v**á**(s), p**é**(s), l**ê**(s), n**ó**(s), **réis**, **céu**, **dói**, **móis** etc.
Oxítonas: são acentuadas as terminadas em *a(s)*, *e(s)*, *o(s)*, *em*, *ens* e em ditongos abertos: sof**á**(s), fil**é**(s), voc**ê**(s), boc**ó**(s), al**ém**, parab**éns**, an**éis**, escarc**éu**, far**óis** etc.
Paroxítonas: são acentuadas as terminadas por *l*, *r*, *n*, *x*, *ps*, *i(s)*, *ã(s)*, *ão(s)*, *ons*, *um*, *uns* e ditongos: **amável**, **caráter**, **hífen**, **tórax**, **bíceps**, **júri**(s), **órfã**(s), **órgão**(s), **prótons**, **fórum**, **álbuns**, **glória**, **série**, **velório** etc.
Proparoxítonas: todas são acentuadas: **ângulo**, **elétrico**, **ômega**, físico, **réplica**, **gráfico** etc.
Hiatos: acentuam-se as letras *i* e *u* tônicas, desde que figurem sozinhas ou seguidas de *s* na sílaba: ca-**í**-da, ra-**í**-zes, pa-**ís**, sa-**ú**-va, ba-**ús**, ja-**ús** etc.

As letras *i* e *u* seguidas de outras consoantes não devem ser acentuadas: ra-**iz**, ca**ir**, pa-**ul** etc.

A letra *i* seguida de *nh* (ex.: ba**i**nha e as letras *i* e *u* repetidas (ex.: x**ii**ta, vad**ii**ce, j**uu**na etc.) não são acentuadas.

Veja o que mudou:

- A primeira vogal dos **hiatos** formados por *ee* ou *oo* deixa de ser acentuada: cr**ee**m, l**ee**m, v**oo**, enj**oo**, perd**oo** etc.
- As vogais tônicas *i* e *u* precedidas de ditongo das **paroxítonas** deixam de ser acentuadas: chei**i**nho, sai**i**nha, fei**u**ra, bai**u**ca etc.
- A vogal tônica aberta dos ditongos *ei* e *oi* das palavras **paroxítonas** deixa de ser acentuada: id**ei**a, assembl**ei**a, jib**oi**a, clarab**oi**a etc.

Trema: embora a letra *u* deva ser pronunciada, não se emprega trema em palavras portuguesas: aguenta, frequente, cinquenta, linguiça, tranquilo, linguística etc. O trema permanece em nomes próprios estrangeiros e seus derivados: Müller, mülleriano, Hübner, hübneriano etc.

Acento diferencial: a maioria das palavras homógrafas (com mesma grafia) perdeu o acento: p**a**ra (verbo), c**o**a (verbo), p**o**lo (substantivo) etc.

52

O acento diferencial

Antes da Reforma Ortográfica, certas palavras recebiam acento agudo ou circunflexo para diferenciar o significado de umas do de outras. O motivo da extinção desse acento é que o contexto ajuda a identificar o significado dessas palavras, sem necessidade de acentuá-las. Assim, perdem o acento palavras como *pára* (verbo parar) para diferençar de *para* (preposição); *pélo* (verbo pelar) e *pêlo* (substantivo) para diferençarem de *pelo* (preposição + artigo) etc.

Como exceção à regra, foi mantido o acento em *pôr* (verbo) para diferençar da preposição *por* e em *pôde* (pretérito perfeito do indicativo do verbo "poder") para diferençar de *pode* (presente do indicativo desse verbo):

> Como você **pôde** agir daquela maneira ontem?
> Hoje você já **pode** agir dessa maneira.

A reforma, contudo, tornou facultativo o emprego do acento em *fôrma* (substantivo) para diferençar de *forma* (verbo ou substantivo). Entendemos, porém, que tal acento é obrigatório para eliminar ocorrências de frases ambíguas, como "A **fôrma** que usei deu uma **forma** delicada a este bolo".

No dicionário de Aurélio Buarque de Holanda, o qual julgava que o acento da palavra *fôrma* não deveria ter sido abolido pela Reforma de 1971, encontramos exemplos em que esse substantivo deve receber obrigatoriamente acento diferencial. Dentre eles, há os seguintes versos de Martins Fontes:

> Pela penugem, primeiro,
> E, depois, segundo a **norma**,
> Pelo gosto, pelo cheiro,
> Pela **fôrma**, ou pela forma,
> Certas frutas europeias
> Como o pêssego... oh! prazer!
> Por vezes nos dão ideias
> Que me acanho de dizer.
>
> (Sol das almas, p. 40)

Nos versos acima, a palavra *forma* aparece sem acento para rimar com a palavra *norma*. Já a palavra *fôrma* aparece com acento gráfico porque, conforme o próprio Aurélio argumenta, "Seria inteiramente impossível perceber o sentido da estrofe se não fora o acento diferencial". As palavras "europeias" e "ideias", no poema, estão atualizadas de acordo com o novo sistema ortográfico.

53

Ditongos abertos

Dentre as mudanças implantadas pelo Novo Acordo Ortográfico, figura a eliminação do acento agudo dos ditongos abertos **éi** e **ói** apenas das palavras paroxítonas: *dispneia*, *prosopopeia*, *assembleia*, *paranoico*, *heroico*, *geleia*, *estoico* etc.

Certamente essa alteração provocará muita estranheza entre nós, brasileiros, já que estamos habituados a acentuar esse tipo de vocábulo. No Brasil, a pronúncia da vogal tônica de palavras como *ideia*, *plateia*, *paranoico*, *heroico* é notadamente aberta (**éi** e **ói**), diferente da pronúncia fechada (**êi** e **ôi**) de vocábulos como *areia*, *poeira*, *biscoito*, *comboio* etc.

Embora seja estranha a grafia, somente o contexto poderá indicar se a vogal de tais ditongos possui timbre aberto ou fechado. Observe a seguinte frase:

> Eu **apoio** você, mas nunca tenho o seu **apoio**.

Pela pronúncia, percebe-se claramente que o ditongo da primeira palavra possui o timbre aberto (**ói**), e o da segunda, timbre fechado (**ôi**).

Quando a palavra não está contextualizada, como saber se o timbre do ditongo é aberto ou fechado? A solução é simples: recorrer a um dicionário atualizado de acordo com o Vocabulário Ortográfico da Língua Portuguesa (Volp).

Não se emprega mais o acento agudo somente no ditongo aberto das palavras paroxítonas. Nos vocábulos monossilábicos e nos oxítonos, esse acento ainda continua em vigor. Assim devemos continuar grafando *céu*, *réu*, *dói*, *sóis*, *chapéu*, *pastéis*, *corrói*, *destrói*, *heróis* etc.

Os nomes próprios de lugares também devem seguir essa regra. Assim, devemos grafar Cor**ei**a, Borac**ei**a, Pomp**ei**a, Canan**ei**a etc. Em topônimos, como Ilh**éus**, Lenç**óis** Paulista, Bord**éu**s etc., conserva-se o acento por serem palavras oxítonas.

54

Por que acentuar o QUÊ?

A palavra *que* é, na maioria das vezes, um monossílabo átono, ou seja, não possui autonomia fonética, é como se fosse parte do vocábulo em que se apoia. Observe que a frase exclamativa "Que céu!" pode ser pronunciada como [quicéu].

Quando, no entanto, a palavra *que* possui independência fonética, isto é, não se apoia na palavra vizinha durante a pronúncia, deve ser acentuada graficamente.

Isso ocorre em três oportunidades:

- quando tem valor de substantivo, caso em que aparece antecedida de um artigo:

> Você tem um **quê** de arrogante.
> Aquela garota tem um **quê** de elegante.

- quando é uma interjeição, ocasião em que aparece seguida de ponto de exclamação:

Quê! Você por aqui?

Quê! Prenderam o inocente?

- quando figurar no final de frases:

Ela me disse algo, só que não entendi o **quê**.

A palavra quero-quero possui dois **quês**.

No último exemplo, a palavra *que* vai para o plural quando se refere à décima sétima letra do nosso alfabeto.

Existe um artifício prático bem fácil para verificar se o monossílabo *que* deve ou não ser acentuado graficamente:

Sempre que esse monossílabo, na pronúncia usual dos brasileiros, puder ser pronunciado "qui", coladinho à palavra vizinha, não se empregará o acento gráfico por se tratar de monossílabo átono.

Se, porém, a palavra *que* puder ser pronunciada sem emenda com a palavra vizinha, será acentuada por enquadrar-se à regra de acentuação dos monossílabos tônicos: acentuam-se os terminados por *a(s)*, *e(s)* ou *o(s)*.

55

Não tropece nos porquês

Sem dúvida, esta é uma questão danada para mexer com a paciência de muita gente. É necessário entender por que os **porquês** admitem grafias e classificações morfológicas diferentes. Veja como grafar corretamente **por que**, **por quê**, **porque** e **porquê**.

- Escreve-se **por que** quando essa expressão aparece em frases interrogativas (diretas ou indiretas). Nesse caso, é empregado quando estão expressos ou subentendidos o substantivo **motivo** ou sinônimos (**razão**, **causa**) ou quando equivale a **pelo qual**, **pela qual**, **pelos quais**, **pelas quais**:

> **Por que** (motivo) você deixou de estudar?
>
> Não sabemos **por que** (razão) ele não veio à nossa festa.
>
> Este é o ideal **por que** (= pelo qual) luto.
>
> São muitas as obras **por que** (pelas quais) tenho admiração.

No caso anterior, quando a expressão figura no final de frases, a palavra **que** deve receber acento circunflexo por se tratar de monossílabo tônico:

Ele foi detido **por quê**?
Vocês se separaram, meu Deus, **por quê**?
O professor faltou, não sabemos **por quê**.

- Grafa-se **porque** quando essa palavra equivale a **uma vez que, visto que, pois**:

Ele foi detido **porque** (uma vez que) agrediu um policial.
Agiu duro **porque** (para que) lhe obedecessem.
Não desanimes, **porque** (pois) a justiça está de teu lado.

- Grafa-se **porquê** quanto essa palavra é substantivo. Nesse caso, admite plural e figura antecedido de artigo ou de qualquer outro determinante:

Eis o **porquê** da revolta da população.
Desconheço o **porquê** de tantas mentiras.
Somente agora aprendi a empregar os **porquês**.

56

Crer, ler, dar, ver, ter e vir

Conforme a ortografia vigente até 2012, os verbos *crer*, *ler*, *ver* e seus derivados, conjugados na 3ª pessoa do plural do presente do indicativo, e o verbo *dar*, conjugado na 3ª pessoa do plural do presente do subjuntivo são formados por dois *ee*, recebendo acento circunflexo no primeiro *e*: eles cr**êe**m, eles descr**êe**m, eles l**êe**m, eles rel**êe**m, eles v**êe**m, eles prev**êe**m, que eles d**êe**m.

Segundo o Novo Acordo Ortográfico, em vigor desde 1º de janeiro de 2009, como esse acento é foneticamente descartável, a vogal tônica desses verbos deixa de receber acento gráfico: cr**ee**m, descr**ee**m, l**ee**m, rel**ee**m, v**ee**m, prev**ee**m, d**ee**m etc.

Os verbos *ter* e *vir* não sofrem alteração por se enquadrarem na regra dos monossílabos tônicos: ele t**e**m/eles t**ê**m; ele v**e**m/eles v**ê**m.

As formas verbais derivadas desses verbos, como são palavras oxítonas, também não sofrem alteração – na 3ª pessoa do singular recebem acento agudo: ele det**é**m, ele mant**é**m, ele interv**é**m, ele prov**é**m etc.; na 3ª pessoa do plural, o acento deve ser circunflexo: eles det**ê**m, eles mant**ê**m, eles interv**ê**m, eles prov**ê**m etc.

A regra também determina que as oxítonas terminadas por *ens* devem receber acento gráfico. Assim, devemos manter as grafias de tu det**éns**, tu mant**éns**, tu interv**éns**, tu prov**éns** etc.

Como as oxítonas terminadas por *em* também devem ser acentuadas, na 2ª pessoa do singular do imperativo afirmativo das formas oxítonas desses verbos o acento deve permanecer: det**é**m (tu), mant**é**m (tu), interv**é**m (tu) etc. Lembre-se de que a 2ª pessoa do singular do imperativo afirmativo deriva da 2ª pessoa do singular do presente do indicativo sem a letra *s*.

57

Aguar e afins

Conforme o Novo Acordo Ortográfico, as formas verbais de *aguar*, *apaziguar*, *averiguar*, *desaguar*, *enxaguar*, *obliquar*, entre outras, não só perderam o trema em algumas formas como também passaram a admitir pronúncias e grafias diferentes.

Quando a vogal *u* dessas formas verbais for considerada **tônica**, não deverá ser acentuada: ag**u**o, ag**u**e, apazig**u**o, apazig**u**e, averig**u**o, averig**u**e etc.

Quando as letras *a* e *i* forem consideradas **tônicas**, deverão receber acento gráfico: **á**guo, **á**gue, apaz**í**guo, apaz**í**gue, aver**í**guo, aver**í**gue etc.

Veja como se deve conjugar o verbo *aguar* e afins (a vogal tônica está destacada).

Tempo verbal	Conjugação
Presente do indicativo	**á**guo, **á**guas, **á**gua, agu**a**mos, agu**a**is, **á**guam.

Tempo verbal	Conjugação
Presente do subjuntivo	água, águes, águe, aguemos, agueis, águem
Imperativo afirmativo	água, águe, aguemos, aguai, águem
Imperativo negativo	não águes, não águe, não aguemos, não agueis, não águem
Pretérito perfeito do indicativo	aguei, aguaste, aguou, aguamos, aguastes, aguaram
Pretérito-mais-que-perfeito do indicativo	aguara, aguaras, aguara, aguáramos, aguáreis, aguaram
Pretérito imperfeito do indicativo	aguava, aguavas, aguava, aguávamos, aguáveis, aguavam
Pretérito imperfeito do subjuntivo	aguasse, aguasses, aguasse, aguássemos, aguásseis, aguassem
Futuro do presente	aguarei, aguarás, aguará, aguaremos, aguareis, aguarão
Futuro do pretérito	aguaria, aguarias, aguaria, aguaríamos, aguaríeis, aguariam.
Futuro do subjuntivo	aguar, aguares, aguar, aguarmos, aguardes, aguarem
Infinitivo pessoal	aguar, aguares, aguar, aguarmos, aguardes, aguarem
Formas nominais	aguar, aguado, aguando

De acordo com as novas regras ortográficas, o verbo *averiguar* admite duas pronúncias e duas grafias: averiguo ou averíguo, averigue ou averígue.

58

O acento é grave

Crase é a fusão da preposição *a* com o artigo ou o pronome demonstrativo *a(s)* ou com a letra *a* inicial dos pronomes *aquele(s)*, *aquela(s)* e *aquilo*. Esse fenômeno, na escrita, é indicado pelo acento grave (`).

Em português, a preposição *a* e o artigo feminino *a* são idênticos. Em castelhano, a preposição também é *a*, mas o artigo é *la*. Assim, na frase "Vou **a la** ciudad", não há necessidade do acento grave.

Em português, a necessidade do emprego do acento grave é bastante lógica.

A crase só ocorre diante de palavras femininas precedidas de artigo feminino, desde que o termo antecedente reja a preposição *a*. Compare:

> Elogiaram **a** atriz. (Não ocorre crase porque *elogiar* não rege a preposição ***a***.)
>
> Referiram-se **à** atriz. (Ocorre crase porque *referir-se* rege a preposição ***a***.)

Memorize estes artifícios para confirmar a crase:

- Substitui-se a palavra feminina por uma masculina. Se ocorrer a combinação *ao*, haverá crase:

Dedicou o livro **à neta.**
Dedicou o livro **ao neto.** (crase confirmada)

Elogiaram **a professora.**
Elogiaram **o professor.** (crase não confirmada)

- Com o verbo *ir* e nomes próprios geográficos, substitui-se o verbo da frase por *voltar*. Se resultar a expressão *voltar da*, a crase estará confirmada:

Iremos **à Argentina.**
Voltaremos **da Argentina.** (crase confirmada)

Se o nome próprio geográfico não admitir artigo, só ocorrerá crase quando o nome estiver acompanhado de um adjunto adnominal:

Fomos **à histórica Petrópolis.**
Voltamos **da histórica Petrópolis.**

59

Às vezes sim, às vezes não

Há situações em que o emprego do acento grave é obrigatório ou facultativo, e outras em que não se deve empregar esse sinal. Fique atento aos seguintes casos:

- Usa-se o acento grave no *a* inicial de locuções femininas: **às** vezes, **à** noite, **à** medida que, **à** proporção que, **às** pressas etc. Com as expressões *maneira de* e *moda de* subentendidas, ocorre a crase:

> Escrevi versos **à** (maneira de) **Drummond**.
> O mestre-sala estava vestido **à** (moda de) Luís XV.

- Não se acentua o *a* de expressões repetidas cara **a** cara, gota **a** gota etc.
- Não ocorre crase antes de pronomes, exceto diante de *senhora* e *senhorita*:

> Já dissemos tudo **a Vossa Senhoria**.
> Porém: Fizeram elogios **à senhora** (**senhorita**) Dolores.

- Antes dos substantivos *casa* e *terra*, só ocorre crase quando essas palavras aparecem determinadas:

> Irei **à casa de minha noiva.**
> Quero voltar **à terra de Camões.**

- É facultativo o uso do acento grave antes de pronomes possessivos que antecedem substantivos femininos:

> O professor fez elogios **à(a) minha** redação.
> (O professor fez elogios **a(ao) meu** texto.)

- É facultativo o uso do acento grave diante do nome de pessoas de nossa intimidade:

> Mandei flores **à(a)** Marina.

- Com nomes próprios adjetivados, ocorre a crase:

> Mandei flores **à** bela Marina.

- É facultativo o uso do acento no *a* que figura após a preposição *até*:

> Iremos **até à(a)** biblioteca municipal.

60

Se não é assim, uso senão

A dúvida é frequente na hora de empregar *senão* coladinho e *se não* separado, que apresentam significados bem diferentes.

Empregue a palavra *se* separada do *não* quando o *se* apresentar os seguintes valores:

- **conjunção subordinativa condicional**. Nesse caso, é possível inserir a palavra *porventura* entre o *se* e o *não*: "Se não chover, iremos à praia", ou seja, "Se **porventura** não chover, iremos à praia"; "Se não apresentarem perigo, solte os cães", isto é, "Se **porventura** não apresentarem perigo, solte os cães".
- **conjunção subordinativa integrante**. Nesse caso, o advérbio *não* pode ser suprimido sem alterar o sentido geral da frase: "Perguntei a ela se não gostaria de casar comigo" ou "Perguntei a ela se gostaria de casar comigo".

Use a palavra **senão** quando houver os seguintes significados:

- **caso contrário**: "Não corra, **senão** (**caso contrário**) você pode cair"; "Não minta para sua mãe, **senão** (**caso contrário**) você será castigado"; "Pare de perturbar, **senão** (**caso contrário**) você será tachado de chato"; "Feche as janelas, **senão** (**caso contrário**) os pernilongos entram".
- **mas sim**: "Não desejo magoá-lo, **senão** (**mas sim**) adverti-lo"; "Não quis dizer outra coisa, **senão** (**mas sim**) a verdade"; "Ninguém ama o que deve, **senão** (**mas sim**) o que deseja".
- **a não ser**: "Quem largou o computador ligado **senão** (**a não ser**) você?"; "Não desejo outra coisa **senão** (**a não ser**) estudar"; "Você não faz nada **senão** (**a não ser**) reclamar".
- **mancha, defeito, falha**, caso em que a palavra *senão* tem valor de substantivo e, como tal, deve ser antecedida de palavra determinante: "Não havia nenhum **senão** (**nenhuma mancha**) em sua ficha profissional"; "Não encontrei nenhum **senão** (**nenhum defeito**) em sua pintura".

Referências bibliográficas

ACADEMIA BRASILEIRA DE LETRAS. *Vocabulário Ortográfico da Língua Portuguesa.* Imprensa Nacional. 4. ed. Rio de Janeiro, 2004.

ALMEIDA, Napoleão Mendes de. *Gramática metódica da língua portuguesa. Dicionário de questões vernáculas.* 3. ed. São Paulo: Ática, 1996.

ALMEIDA, Nílson Teixeira de. *Gramática completa para concursos e vestibulares.* 2. ed. São Paulo: Saraiva, 2009.

______. *Gramática da língua portuguesa para concursos, vestibulares, Enem, colégios técnicos e militares.* 9. ed. São Paulo: Saraiva, 2009.

BORBA, Francisco da Silva. *Teoria sintática.* São Paulo: Edusp; T.A. Queiroz Editor Ltda., 1979.

CAMPADELLI, Samira Yousseff; SOUZA, Jésus Barbosa. *Gramática do texto/texto da gramática.* São Paulo: Saraiva, 1999.

CUNHA, Celso. *Gramática do português contemporâneo.* Belo Horizonte: Bernardo Álvares, 1970.

______; CINTRA, Luís F. Lindley. *Nova gramática do português contemporâneo.* 2. ed. Rio de Janeiro: Nova Fronteira, 1985.

FERREIRA, Marina; PELLEGRINE, Tânia. *Redação*: palavra e arte. São Paulo: Atual, 1999.

HOLANDA, Aurélio Buarque de. *Novo dicionário da língua portuguesa.* 2. ed. Rio de Janeiro: Nova Fronteira, 1986.

HOUAISS, Antônio; VILAR, Mauro de Salles. *Dicionário Houaiss da língua portuguesa.* 3 ed. ver. e aum. Rio de Janeiro: Objetiva, 2008.

INFANTE, Ulisses. *Do texto ao texto.* São Paulo: Scipione, 1991.

KOCH, Ingedore Villaça; TRAVAGLIA, Luiz Carlos. *A coerência textual.* 12. ed. São Paulo: Martins Fontes, 2001.

KURY, Adriano da Gama. *Novas lições de análise sintática.* 3. ed. São Paulo: Ática, 1987.

______. *Para falar e escrever melhor o português.* Rio de Janeiro: Nova Fronteira, 1989.

LAPA, Manuel Rodrigues. *Estilística da língua portuguesa.* São Paulo: Atual, 1989.

LEME, Odilon Mendes. *Tirando dúvidas de português.* São Paulo: Ática, 1992.

LUFT, Celso Pedro. *Dicionário prático de regência verbal.* 4. ed. São Paulo: Ática, 1996.

MARTINS FILHO, Eduardo Lopes. *Manual de redação e estilo de O Estado de São Paulo.* 3. ed. São Paulo: O Estado de São Paulo, 1997.

______. *Com todas as letras*: o português simplificado. São Paulo: Moderna, 1999.

MATEUS, Maria Helena Mira et al. *Gramática da língua portuguesa.* 2. ed. Coimbra: Caminho, 1989.

MESERANI, Samir Curi. *Redação escolar*: criatividade. São Paulo: Atual, 1989.

MESQUITA, Roberto Melo. *Gramática da língua portuguesa.* São Paulo: Saraiva, 1999.

NICOLA, José de; INFANTE, Ulisses. *Gramática do português contemporâneo.* 5. ed. São Paulo: Scipione, 1997.

PACÍFICO, Ana Maria Silva. *Manual compacto de redação e interpretação de texto.* São Paulo: Ridel, 2011.

PORTAL INEP. Enem. Disponível em: <http://portal.inep.gov.br>. Acesso em: 4 jul. 2011.

ROCHA LIMA, Carlos Henrique. *Gramática normativa da língua portuguesa.* 18. ed. Rio de Janeiro: José Olympio, 1976.

RYAN, Maria Aparecida. *Conjugação dos verbos em português.* 5. ed. São Paulo: Ática, 1989.

SACCONI, Luiz Antonio. *Nossa Gramática.* 9. ed. São Paulo: Atual, 1989.

Arquivo Pessoal

Nílson Teixeira de Almeida

- Natural da cidade de Itapetininga, SP, e licenciado em Língua Portuguesa pela Universidade de São Paulo, o professor Nílson Teixeira de Almeida leciona desde 1974. Foi professor de vários colégios e cursos pré-vestibulares da capital e do interior de São Paulo.
- Atualmente, é professor do Ensino Médio e de cursos preparatórios para vestibulares e concursos públicos.
- Autor de *Gramática da Língua Portuguesa para concursos, vestibulares, Enem, colégios técnicos e militares...* e *Gramática completa para concursos e vestibulares*, ambas pela Editora Saraiva.
- Foi idealizador e apresentador do programa de rádio *Certo ou Errado?* e do *site* certo-ou-errado.pro.br

Série Superdicas
Versão em audiolivro

Portátil e útil para uma consulta rápida, o audiolivro pode ser ouvido em casa, no carro, em um *discman* portátil (leitor de mp3), no computador, em aparelhos de DVD que leiam mp3 etc.

Duração:
2h20min

Duração:
2h14min

Duração:
2h30min

Duração:
2h54min

Duração:
3h00min

Duração:
1h44min

Duração:
2h49min

Duração:
2h31min

Duração:
2h56min

Duração:
2h05min

Duração:
2h19min